モテれ。

春乃れぃ

宝島社

まえがき

美人は得である。

美人というだけで好待遇を受けられる。
美人には華がある。
美人の笑顔には、
一瞬にして男のハートを射抜く力がある。
美人は許される。
美人が流す涙には、
「ごめんなさい」の数百倍の威力がある。

ブスは損である。

ブスというだけで、後回しにされることが多い。
ブスは華を持たせてもらえない。
〝出るブスは打たれる〟
ブスの分際で前へ出るな、というところか。
ブスは許されない。
ブスが流す涙には、ブス男さえもがきびしい。
「ごめんなさい」を100回言うほうが、
涙を流すよりも許されたりする。

だが、イイか？　よーく聞け。
100人の男たちに「可愛い」とチヤホヤされている女なんぞ、

あたしにしてみりゃ、モテるうちに入らない。
そんな女はただの『万人ウケするタイプ』でしかない。
万人ウケする女になりたいのか?
それとも本当にモテる女になりたいのか?
後者なあなたに告ぐ。
「モテれ。」

素顔激ブス　化粧美人な春乃れぃより愛を込めて。

Contents

モテれ。

Lesson 1

モテる女への第1ステップ。

Lesson 2

モテ度アップの「こ・と・ば」

Lesson 3

男がドキッとする「し・ぐ・さ」

Lesson 4

モテる女のスペシャル「テ・ク」

イラスト——TSUKUNE　　制作——NEO企画

Lesson 1

モテる女への第1ステップ

ブスは得である。

まえがきで〝ブスは損である〟と、書いたそばから〝ブスは得である〟と書く、その心は……。

ハッキリ書こう。あたしはブスだ。

化粧を施《ほどこ》したあたししか知らない人は、あたしを美人だと言ってくれるが、あたしの素顔を知っている歴代の恋人や、古くからの友人はクチをそろえてこう言う。

「お願いだから化粧して、本気で怖い」

「ネット上で素顔を公開したら、女性ファンは間違いなく〝オマエが恋愛を語るな〟と言うだろう」

そう、あたしの素顔はとんでもなく汚物である。ある日、哀れに思った神さまがあたしに3つの才能を与えてくれた。

1つ目は天才的な化粧術。

2つ目は天才的な見せ方術。

3つ目は……ダメ。ここではまだ、もったいなくて明かせない。

巷《ちまた》には『モテるためのマニュアル術』が書かれた雑誌や単行本があふれている。そのなかで、きっと多くの人が目にしたことがあるのではないだろうか。

「男はギャップに弱い」という文字を。

まじめなメガネっ子がメガネをはずした瞬間に周囲の男の子たちが恋に落ちてしまう……というベタベタな話が、昔の少女漫画などでは、よく描かれていたが、これぞまさに〝ギャップの王道〟であると言える。

ブスは得である。

なぜなら美人は、この〝ギャップの王道〟を有効かつ、最強の武器として使えないからだ。

「れぃさん、れぃさん……でもそれっておかしくないですか？」

――なにがかね？

「仮にお化粧してきれいになれたとしても、実はブスだったとバレてしまうとフラれるんじゃないですか？」

――甘いな。それは、姿かたちだけでしか男を寄せ付けられない女の話だろ。

「じゃあどうすれば……」

――まあまあ、そう慌《あわ》てなさんなって。モテ道は長いんだから。

ブスは『ギャップの王道を最大限に使える』から得である。まずは、わかりましたか？

ポイント

「ブス」の語源は「無表情」を意味する単語が転じたものだと言われています。美人の笑顔にゃ負けるかもしれないけれど、笑顔は誰にとっても強い武器になるっ！

デブはヤセろ。

体重が70キロを軽く超えたことがあるあたしは、気を抜くと、あっという間にデブ街道をまっしぐらに突き進む。

お風呂へ入るペースや、髪形、選ぶ洋服の色などは、ヤセていようがデブになろうが変えていないにもかかわらず、なぜか太っていた当時のあたしには清潔感がないように見られた。

逆の視線からデブを見ると、なるほど……なんとなくわかるような気がする。太っている、というだけですべてがルーズに見えてしまうのだ。

自分の体重の管理ができないメンタル的な〝だらしなさ〟が全身からオーラを放っている。

自分だけが異常なくらいに流している滝汗。その汗でひたいに張り付いた、ウエッティな前髪。丸太のように太い首に汗で張り付いたヨレヨレの後れ毛。ボトムのウエストラインに沿うようにできたアセモはかゆく、太すぎる二の腕は脇におさまりきらず浮き上がり、盛り上がった肩はまるで入場するレスラー。

さわやかさを演出しようと白を着れば膨張《ぼうちょう》し、少しでもシャープさを演出しようと黒を着れば、誇張《こちょう》される。

ああ！　悲しきデブ女！

つうか、ヤセればすむ話なわけだが。

「ヤセたい！」と言いながら、飯やお菓子を食ってるヤツはヤセる気がないのと同じ。

「ヤセない」じゃなくて**『ヤセる気がない』**だろ、日本語は正しく使えよ。

ポイント

「太っているからモテない」そう思っているならば、何をおいてもまずヤセるべきだ。そう、実に簡単で単純なこと。ヤセれ。

ブスがひがむな。

妬《ねた》むな、ひがむな、悪口言うな。

あんたはその前にやることがあるだろ。

モテてるつもりの中途半端な女の鼻なんか、あたしがポキッとへし折ってやるから、心配すんな。

多くの女性は〝ぶりっこ〟と呼ばれる女を毛嫌いするふしがあるが、ぶりっこを演じ続けるのは、並みの根性ではできないことだとあたしは思う。本来あるべき自分を殺して『可愛い私』として暮らし続ける。

なかなかできることじゃないよ、マジで。なにもぶりっこに限ったことじゃないやろ？

これを読んでるあなたも、普段は別の顔をして生きてるでしょう。たとえば、〝イイコちゃん演出〟とかさ。

疲れるでしょ、ストレスもたまるでしょ？

でも本当の自分だけじゃ〝いまいち弱い〟から演じてるんでしょ？　それを他人にとやかく言われる筋合いなんかないんだよ。妬むな、ひがむな、悪口言うなってのは、そーゆーこと。

男の余裕は背中に出るが、女の余裕は顔に出るんだからさ。

ポイント

ひがみ根性は、本人が思っているよりも顔に、そして会話の〝アタマ〟に現われる。「でも・けど・だって」「どうせわたしなんか」「あの子、ああ見えて実は――」言ってませんか？　ダイジョブですか？

外見より内面のウソ。

雑誌の恋愛特集、読む価値の低い恋愛マニュアル本。

「外見より、内面よ!!」だと？　何を寝ぼけたことを書いているのかしら？

はっきり言おう。

デブとブスこそ、外見を磨《みが》け。

「大切なのは内面だしね」と、外見を磨くことになまくらこいてる場合か。人間は外見だ。本当は気づいてるんやろ、認めたくないだけで。

外見は大切だ。何も絶世の美女になる必要はない。でも〝人並み〟の外見を作ることに、手を抜くな。モテたいんやろ？　愛されたいんでしょ？　出逢いのチャンスが欲しいんだろ？　じゃあ、手を抜くな。気を抜くな。

無責任な恋愛マニュアルに励まされて安心すんな。相手に目がある限り、そしてそこに視力がある限り、まず見られるのは、外見だ。髪、顔、スタイル、全体のバランス。

「イイ！」「たまんねえ！」と思わせる必要はない。

しかし『悪くない』と思わせることができない限り、相手はあなたの内面を知りたいとは思わない。自分に置き換えてみればわかることやん？

外見で「イヤだ、気持ち悪い！」と思った相手の内面を知りたいが？

あんな外見だけど、きっといいところがあるに違いないと、ダイヤモンドハンターにでもなるつもりか？　そんなヒマがあったら、次に行くだろ、普通。

もういちど言おう。デブとブスこそ、外見を磨け。

でなけりゃ、せっかくのキレイな心さえ見てはもらえない。

ポイント

仕事がらみで「合コンリサーチ」を実施したところ、肉食系男子ほど女の子の外見を重視する、草食系男子ほど「気遣い」などを細かく見ていることがわかりました。皆さまの「恋活」の参考になれば幸いでっす。

内面を磨きすぎるとどうなるか。

答えは簡単。

「イイヤツなのにな……」で終わる。

あたしはその手の人をたくさん見てきたし、あなたの周りにもいるだろう？優しいし、よく気もつくし、マメに連絡もよこしてくれる。

これで見た目がよければ……あと少しどこかが違いさえすれば、絶対に恋愛感情を抱けるのに、どうしても**「異性」**を意識できない「あんなに〝イイヒト〟なのに……」な男が。

これを自分に置き換えればよくわかるでしょ。

内面を磨いたのに、一向に彼ができない原因のひとつはコレだ。

だけど、あなたが悪いわけじゃない。外見より内面を磨きなさい、とアドバイスをされ続けたあなたはそれを忠実に守っただけのこと。

これはあたしが思っているだけで、参考にはならないかもしれないけど、恋愛に『イイヤツ』はいらないよ、マジで。

ポイント

ある男性が言いました。とりあえず付き合うなら性格の悪い美人。付き合い続けるなら、性格の良い不美人、だと。どちらがオススメかはわかりませんが、傷つくのが怖くて自ら「イイヤツポジション」をキープする女の子を見ると、それでいいの？　と聞きたくなる。

第一関門〝ブサイクちゃん〟

〝キモカワイイ〟という表現が許されるのならば、『ブサカワイイ』という言葉があってもよいだろう。意味は「ブサイクなのに可愛く見える」

または「ブサイクなところが可愛い」ということにしよう。

けっして、〝可愛いのにブサイクに見える〟ではないのであしからず。

まあ、わかりやすく言うならば『ブサイクちゃん』ってところか。

猿人が人間に進化する過程に、ネアンデルタール人やクロマニヨン人がいたように、モテない女が、モテる女になるためにも、段階が必要だ。その第一ステップが『ブサイクちゃん』だと思う。

〝ブス〟と呼ばれるとカチンとくるが、『ブサイクちゃん』ならば、まだ許せてしまうところがあるだろう?　ないか?　あ……そうですか。

あたしなりに『ブサイクちゃん』の定義を考えてみた。


1◆いつもニコニコ。

2◆しぐさが可愛らしい。

3◆話し方に愛らしさがある。

4◆何にでも興味を持っている。


この4点。これくらいなら、どうにかなりそうな気がしない？

女たちの嫉妬《しっと》や欲望うごめく職場を数多く渡り歩いてきたが、美人は確かに強い。男は常に入れ替わり立ち替わりで、そしてそのつどチヤホヤされている。

しかし、根強い人気を持っているのは、美人よりも『ブサイクちゃん』だ。

ナンバーワンはけっして美人じゃない……というのは、本当だよ。

6年間、ナンバーワンクラブホステスとして君臨していたあたしが言うんだから、間違いないね。わかりやすく言うなら、美人はベストセラー。ブサイクちゃんはロングセラー。
え？　よけいにわかりにくい？

ポイント

ブサイクちゃんは、やっぱりオイシイ。ブサイクちゃんの頑張ってる姿は「けなげ」に映る。ブサイクちゃんの愛らしいしぐさは「ギューッ」としたくなる。ブサイクちゃんの照れた表情には、「萌え」を刺激するスパイスが隠されている。――ってブサイク、ブサイク言いすぎか？

好きなメークより、映えるメーク。

雑誌などによく載っている『流行のメークアップ術』。目の上キラキラ、唇テカテカ、目の縁はアイライナーで真っ黒け。

……はっきり言って怖いよ。

「流行ってるから、好きだから、このメーク」じゃなくて、**『似合うメークで、映えるメーク』**を汗水たらして勉強しなさい、と言いたい。

14歳の頃、あたしは喫茶店で声をかけたニューハーフのお姉さんたちにメークを教えてもらった。

その甲斐《かい》あって〝お化粧ひとつでまったくの別人になれる〟ということを少女ながらに知ることができた。

シャドーとハイライトを駆使《くし》した〝ニューハーフ用〟のメイクは、かなり『彫り、深すぎ』ではあったけれど。木彫りの人形みたいやったしね、顔だけ。

丸顔にはこんな眉毛、四角い顔にはこんなチーク。雑誌ではモデルさんを参考に、いろんなパターン写真が掲載されている。だけど彼女たちはモデルさんだし、またプロのメークさんがついていて、撮影にはまぶしいくらいのライトがあてられ、何枚も撮った写真からいちばんよい〝デキ〟のものが使われる。

だから、ファッション雑誌は参考にはできるけど、お手本にはならないとあたしは思っていた。だって「丸顔だろうが、エラが張ってようが、この人たちはプロのモデルじゃん。あたしとはそもそもベースが違うじゃん」

丸顔にだって、いろんなパターンがある。目が細い丸顔、目の間が離れてる丸顔、クチの大きい丸顔……。

「もっとたくさんの〝サンプル〟が欲しい」

そう思ったあたしが選んだのは、美容室なんかに置いてある『ヘアカタログ』。きれいな人から、それほどでも……な人たちがたくさん掲載されているその手の雑誌こそ、変身マニュアルにふさわしいのではないか、と。

その狙いは大当たり。

女性が100~200人も掲載されていれば、自分に似ている雰囲気の人が1人や2人はいる。その人が使っている化粧品の色、眉毛やリップの描き方、チークの入れ方などをまずはマネるところから入る。

北川景子や佐々木希にはなれなくても、ヘアカタログに載っている知らない誰かには近づける。まあ、ぶっちゃけ雑誌に載ってるわけだからプロのメークさんがついてるんやけどな。

問題はそういうことじゃなくて、『自分に顔かたちが似た人の映えてるメーク』をマネることが、目的だから。

自分の顔は真っ白いキャンバス。どんな色でもどんな絵でも、載せて描いて消して、載せて描いて消して、何度繰り返したって誰もあなたを責めやしないよ。

ポイント

ナチュラルな「マツエク（まつげエクステンション）」は可愛いけれど、目尻長めの「やりすぎマツエク」は怖いという男性は100人中82人。「目が大きければ可愛く見える」と女の子は思ってるみたいだけど、それは勘違いだよ。やりすぎアイメイクは怖いだけ、と答えた男性は100人中100人。これが男の本音なーのだ。

見せるための身体づくり。

もう10年以上前になるだろうか。

雑誌か、テレビのインタビューのなかで、女優の岩下志麻さんが語っていた。

『私たち女優の身体は、見せるためのカラダなのです』

――いい言葉だなあ、やるな志麻！　と思った。

たとえば、太っていること。

23～24歳まではそれすら健康的に見える場合も多い。

しかし25歳をすぎたあたりからは、体重は変わっていないにもかかわらず、なんとなくだらしない印象を相手に与えてしまうようになる。これはおそらくぜい肉が重力に従って、下がってくるからじゃないかと思うんだ。

人はどうしても第一印象で相手を判断してしまう生き物だから、〝だらしなく見える外見〟をしているだけで、さまざまなマイナスイメージを抱く。

◆でろ〜んと太っている。
◆きっと甘いものばかり食べているんだろう。
◆たぶん部屋も汚いに違いない。
◆もしかするとお風呂にもマメに入っていないんじゃないか。
◆自己管理ができてなさそうだもんな。
◆絶対にモテないに違いないな。
◆ああいうモテないタイプに好かれたら、しつこくされそうだな。

——などと、単純にできている男たちは思うわけですよ。

そうしてどんどん周りから男がいなくなり、モテなくなり、「しょせん私なんて何をやったってダメ、無理」だと、あきらめてしまう。

立ち上がれ、女子。

ボディラインは変えられる。増えた体重を元に戻すことはできる。薄着になる夏を目指して、今これを読んだ瞬間から準備を始めるんだ！

『太った女性が好き』な男も、いるにはいるだろう。だけどそんなのごく少数に限られている。せめて7～9号のお洋服がすんなり着られるくらいの〝見せるための身体〟にしようよ。

年齢が上がってくるごとに、ヤセにくくなるというのはウソじゃない。かつ、悲しいかな**「見せる回数」**や**「見たいと思われる人数」**も減ってくるんだからさ。

見せるための身体——あたしと一緒に作ろうぜ。

ポイント

モテたいならば、男性を魅了するボディづくりを心がけましょう。「見せる身体」は「魅せる身体」。モテはそこからはじまるよ。

得意料理は5品、だけ。

男がよく言うセリフのひとつに「料理できる？」というものがある。

正直、（またかよ）と思いはするが、やはり男にとって、『料理ができる、できない』は大きなポイントになるのだろう。

「できるよ」と答えると、男は「得意料理は何？」と続ける。

そこで〝肉じゃが〟や〝パスタ〟と答えるのはあまりにも普通すぎて印象に残らない。

男に印象づけ、かつ**「ちょっと食べてみたいな」**と思わせることができなければ、話は先に進まないし、彼との進展は望めない。じゃあ、どうすりゃイイのか？

それは——

1◆別バリエーションを作り、こだわりを見せる

たとえば、肉じゃがひとつにしても『洋風肉じゃが』『カレー味肉じゃが』(おいしいかどうかは、練習次第)などの別バリエ。

パスタならナポリタンやミートではなく、『あっさりソースのなんちゃら風味』『にんにく、トマトのピリ辛パスタ』などの一風変わった別バリエ。

カレーにしても「あたしは、市販のルーを使わずに、カレー粉とホールスパイスを使って作るの」などのこだわりを示す。

「どんな味なんだろ?」と思わせて、「ちょっと食べてみたいな」の言葉を引き出す。

ただ単に〝肉じゃが〟と答えるよりも、別バリエーションをあえて言ったほうが、「この子ってほんとに料理できるんだな……」と思わせることができる。

2◆オリジナル料理を得意料理とする

実際にあたしがよく言っていたのは、

「オリジナル料理なんだけど、大根と明太子と刺身のイカを使った〝酒の肴《さかな》にグッチョイサラダ〟とか……」

「これもオリジナルなんだけど、〝ジャガジャガミートのネギソースボール〟とか、かなあ」

このさい、ネーミングのダサさは無視する方向でよろしく——読者の皆さん。

でも「なんだそりゃ？　どんな料理だ？」とは思うでしょ？　思うだろ？思ってくれよ！

このように相手に興味を持たせ、「コイツは本当に料理ができるのかも」と思わせるのが勝ち。

そして得意料理は5品で良い。

レパートリーなんて、本格的に付き合ってから増やせばいいんだし。

1や**2**を参考に、まずは4品の得意料理を用意せよ。

で、最後の1品は、めちゃめちゃおいしい〝雑炊〟、または〝おじや〟にすること。

それを説明する時は、こう付け加えることを忘れずに……。

「風邪をひいた時や疲れた時に、元気が出る〝特製雑炊（おじや）〟をよく作るよ。評判いいんだ、コレ」

さあ、あとは練習あるのみ。

あいた時間のすべてを、〝神の5品作り〟に注ぐのだ。大丈夫、君ならできる（たぶん）！

ポイント

2009年末に行なったリサーチで「料理ができない女性は、論外」と、100人中100人の男性が言いました。「うまい、ヘタ」ではなく「できる、できない」を重要視すると。さあ！　怖がらずに（?）キッチンに立とうじゃないか、わたしとともに！

ソーイングセットより耳かきセット。

自慢じゃないが、ソーイングセットを持ち歩いたことがない。

彼の袖口がほつれていたり、上着のボタンが取れかかっていたり……。そんな時にサササッと、ソーイングセットを出してさりげなく直す。

ってな芸当は、あたしにはできないな……と早々に思ったからさあ。

それができりゃあ素敵なのかもしれないが、しかしどうにも「持ってなきゃ、それでポイント稼がなきゃ」とは思えなかった。

そのかわりといっちゃあアレだが、あたしはいつも〝耳かきセット〟を持参している。

これは別に男を意識して持ち始めたわけでなく、あたし自身が無類の耳かき好きで、いつでもどこでもホジホジしていたい女であったたし、急に耳がかゆくなった時のことを考えて、常にバッグに忍ばせておいただけなのだが……。

これは思いも寄らぬ効果を生む。

たとえば——。

普通に考えて、「ねえ、れぃちゃん。耳かき持ってる？」と話しかけられることはまずない。

だから会社の先輩後輩・同僚との会話のなかで、「あたしはいつも耳かきセットを持っている女なんです」と、さりげなく言っていた。まあ、これをさりげなく言うのも、さりげなくないわけだが、つとめてさりげなく。

しかしこの〝耳かきセットを持っている女〟というのは、相当珍しいようで、相手の印象にバッチリと残り、今後、彼らの耳が急にかゆくなった時、真っ先に飛んでくる先は、間違いなく『耳かき女神』のあなたになる。間違いない。

んでもって耳かきって、ちょっとエロスやからね。

「あたし……人の耳をホジホジするのも得意なんですよー」と、さりげにアピールすることもお忘れなく。

ちなみにあたしがいつもバッグに忍ばせている耳かきセットは以下のとおり。

1◆上にフワフワのついた物
2◆上にコケシ（？）みたいな人形のついた物
3◆粘着《ねんちゃく》綿棒
4◆ボコボコ綿棒（先が〝ボコボコ〟になっている）
5◆黒い綿棒（耳カスのとれ具合がよくわかる）
6◆ウエット綿棒（100均で売ってるよ）
7◆一般的な綿棒（持つところが固めの物がベター）
8◆変わった耳かき（例：光るやつ、とか）

このように、**あなたオリジナル**の「ソーイングセットより○○」を見つけて、さりげなアピールで強い印象を与えましょう。あの子に言えば大丈夫！を植えつける。これがポイント。

ソーイングセットより、バンドエイド。
ソーイングセットより、おいしいコーヒーセット。
ソーイングセットより、接待で使えそうなお店リストのファイリング。
などなど。

ポイント

付け加えとして「ガム」は意外に使えるイイコです。助手席に乗っている時、長時間の会議や打ち合わせ中など、「ガム持ってる?」と聞かれることがあまりに多いので、クロレッツガムをボトル買いして常備しているのですが、けっこうわたくし——重宝&感謝されております。むふふ。

男が弱い〝可愛い〟を知る。

◆小動物みたいに可愛い。
◆甘え上手な女は可愛い。
◆幼い子供みたいに天真爛漫《てんしんらんまん》で可愛い。

純粋に顔かたちが可愛い部類に入らないあなたには、この3点のいずれかには無理やり入り込むことをおすすめする。ただしターゲットは日本人男ね。この3つの〝可愛い〟に、たいていの日本人男は、**無条件降伏**だから。もしも「俺は絶対に違う」という男がいたら、どうぞあたしに直接クレームメールでも。「俺がいなきゃ駄目だなあ」「俺が世話しなきゃ死んじゃうな、こいつ」をめいっぱい刺激しましょう。

ポイント

肉食要素の強い男子には「小動物系可愛い」と「甘える系可愛い」が効きますが、草食要素の強い男子には「しっかりした家庭的面」と、その真逆の「天真爛漫系可愛い」のW攻撃が効くようです。

Lesson 2

モテ度アップの「こ・と・ば」

「言葉」のベタな使い方。

あたしがクラブホステステスをしていた10年以上前は〝粋な大人〟が多かった。彼らにはホステスと『言葉の掛け合い』を楽しむ余裕と、レベルの高いアタマがあった。今は若い子たちだけでなく、大人と呼ばれている者たちにもその〝粋さ〟はまったく見られない。

あたしがホステスを上がって10年以上がたつわけだが、その間《かん》、こいつ……〝言葉遊び〟ができるなと思った男はたったの2人。

職業柄（裏街道、表街道両方を入れて）、この10年で軽く5000人を超える男たちと言葉を交わしてきたけれど、そのなかで『たったの2人』だ。

女でその遊びができそうだな、と思えた子はたったの1人。

『粋な言葉で遊ぶ方法』をここで書く前に、まずは、〝言葉のベタな使い方〟を勉強しましょう。

言葉の必要性は、いまさらあたしが述べるまでもないだろうが、その言葉を〝生き物〟としてうまく扱えている人が少ないな、と思う。

そして、それはとても悲しいことだな、とも。

遠距離恋愛の彼との電話中に、「ドラえもんのどこでもドアがあればイイのにな……」って言ったり。

大好きな彼と入ったレストランで、向かいに座っている彼に、「今、とっても幸せ。さてナゼでしょう?」とプチクイズを出しながら、「あなたと一緒にいられて幸せなの!」と入力したメールを、彼の目の前で送る、とかね。

ベタな言葉を女が使うと「なにバカ言ってんだよ」なんて言いながら、男は内心喜んでいる場合が多い。

キレイだの色っぽいだのと言われ慣れたあたしでさえ(ごめんなさいね、自慢で)、当時28歳で完全童貞、誰が見ても〝あの人、気持ち悪い〟と口をそろえ

て言うであろう男に、
「今まで見た女の人のなかで、れぃさんがいちばんキレイです」
と言われた瞬間、心がグラリと動いたからね（不覚にもウルウルきたほど）。

それぐらい

ベタな言葉というものは、簡単だけど効果は絶大なんだよ。

付き合いが長くなると、日本の男女は相手を褒《ほ》めなくなる。これは本当によくないことだと思うんだよ。

確かに〝ベタな褒め言葉〟は、言うのも聞くのも恥ずかしい。
だけど言うは一時の恥。
言わぬは一生の損だよ。

好きな相手、振り向いてほしい相手には、ガンガン言おうぜ！

使用例をいくつか挙げると——。

女「ドラえもんのスモールライトがあればイイのにな」
男「なんで？」
女「超小さくなって、いつも〇〇君のポケットの中に入ってたい。そしたらいつでも一緒にいられるじゃない？」

「〇〇君の声を聞くと眠くなる。なんでだろ……安心するからなのかな」


彼から電話がかかってきた時に、わざと受話器（携帯）を落とす。

「大丈夫？」

「うん、大丈夫……手がふるえちゃって」

「手がふるえた？　しんどいの？」

「ううん、うれしいのと緊張してるのとで……今もふるえが止まんない」とかね。

言葉ひとつで、相手の心をとらえたり、包んだりができるのに、それをしない人が本当に多くて、もったいないなと思う。
ベタな言葉は、ベタすぎるほど効くから、絶対に。

ポイント

オトコはコドモです。抽象的でオシャレっぽく聞こえる言い回しよりも、ベタでダイレクトな表現のほうに、ココロを奪われます。「モテ・ソムリエール」より「モテ・漫談家」になれ。よくわからんが、そういうこっちゃ。

話し上手より聞き上手？

女も男も本当は〝話したい生き物だ〟と思っている。

あたしは本当によくしゃべる。

よくしゃべるし、よく聞く。聞いた話に対してまたしゃべる。エンドレス。

さてさて、巷《ちまた》では『本当にモテるのは聞き上手だ』などと言われているがそれは本当だろうか？

確かに、あたしの瞬時にコロコロと変わる話にフットワーク軽く付いてきてくれ、笑ったり突っ込んでくれたり、おいしいタイミングで意見を述べてくれる人の存在は貴重だ。

それに売れっ子ホストや売れっ子ホステスほど、話をよく聞いてくれる。

——が、実はここにカラクリが仕掛けられていることを知ってるだろうか？

そのカラクリとは……。

彼らは〝**相手から話題を引っ張り出すのが、うまい**〟のだ。

引っ張り出して、しゃべらせる。

それに笑ったりうなずいたり、絶妙なタイミングでカットインをする。

そのカットインも〝言い切り〟で終わることは、まずない。ほぼ99%の確率で『疑問系』のカットインになる。

「〜それって、こういうことですよね?」

「〜その時、周りの人はどんな反応をしたんですか?」

などなど。

そうすることにより、相手はもっと熱く語り出す。

・この人は聞いてくれている。

・この人はわかってくれている。

・この人は私(俺)を知りたがっている。

相手はこんなふうに思い込む。

男は〝自慢したがる生き物〟だ。女からしてみれば、それのどこが自慢なんだ？　と思うような小さなことでもね。

たとえば、「昔はけっこうワルだったたんだぜ」や、「仕事が忙しくて昨日も2時間しか寝てないよ」など。はぁ？　それがどないしたん？　と思うようなことでさえ、彼らは自慢したい、話したい、のだ。

《返しの例》

「昔はけっこうワルだったたんだぜ」

ええっ!?　そうなんですか？

全然（不良だったように）見えなーい。

どんな悪さをしてたんですか？　暴走族とか？

「仕事が忙しくて、昨日も2時間しか寝てないよ」

ええっ⁉　身体は大丈夫なんですか？

そんなに忙しいんですか？　もしかして……〝お偉いさん〟なんですか？

とかね。

あとは相手が勝手にしゃべってくれるので、三浦春馬のことでも考えながら聞き流していれば、いい。話上手より、聞き上手よりも、〝引き出し上手〟。

勝因はコレ。

ポイント

オトコの自慢の取り扱いについて、ひとこと。〝自慢オトコ本人〟への接し方は、「自慢を受け流さず」「大きくリアクションをし」「それで？　それで?!」と次の言葉を促すのがコツ。ですが、その場に第三者がいる場合は要注意。自慢オトコから、自慢を引き出しすぎると、周囲の人たちは白けてしまい、『空気が〝あまり〟読めない子』『軽そうな子』と見られてしまうことも。

「知らない」を『知りたい』に変える。

あたしは貪欲《どんよく》な人間だ。

世の中にはまだまだ知らないことが多くあり、あたしはそれを知りたがる。

誰かが知っている〝興味深そうな世界〟や〝楽しそうな世界〟を、自分だけが知らないのは、とても損な気がするのだ。

だから、『知りたい』。

そしてあたしは、『知りたい欲』が男の〝ある部分〟をくすぐることを知っている。


〝話がつまらない女〟は意外に多い。

けっして彼女たちを嫌いなわけではないが、自分に興味のある話しかできない子が多い。加えて彼女たちは〝楽しい話〟は欲しがるが、自分が知らない話や興味の持てない話は簡単にスルーしてしまう。

もったいない。

「知らない・興味のない話」を『知りたい・興味のある話』だと自分に思い込ませ、聞く耳を持つことはとても大切なのに。

理由は2つ。

《まず1つ目の理由》

男は、老いも若きも『教えたがりな生き物』。自分の得意な話を〝知りたがっている相手〟に教える時、彼らはあなたよりも『上』に立つことができ、そしてそれは彼らの小さなプライドをくすぐる。

そして「知りたいの、教えて?」というあなたの態度を、(俺のことを知りたいのかしら……)

――素晴らしい勘違いで解釈し、勝手に舞い上がってくれる。

このとき適度な相づち、「それで？　それで？」といった〝興味ある姿勢〟、わからない単語などに対する質問、ワクワクしたふりは演技として取り込むべし。

《次に2つ目の理由》

これからあなたは**「本当にモテる女」**になるために、選ばれるのを待つのではなく、男をチョイスする側の女にならなければならない。

そのためには、まず1人より5人、5人より10人の男に「あの子と話してるとなんだか楽しい」と思われる女を目指さなければならないのだ。ということはだよ？

「できるだけ多くの男の話に合わせられる」ように、広く浅く知識を持つ必要がある。

だから《1つ目の理由》で男から教わった話のすべてとは言わないまでも、せめて10分の1ぐらいは〝知識〟として身につけること。

複数の男たちの小さなプライドをくすぐりながら抽出《ちゅうしゅつ》した知識を、次々にストックしていく。そうしていくうちに、気づけばあなたは『どんな年代のどんな男たちの話にも』参加できる女になっていることだろう。

たくさんの話を広く浅く知っているあなた。言い換えれば、〝広く浅くしか知らないあなた〟は、次なるターゲットの男たちにきっと言える。

「その話知ってる！　でも私は～くらいしか知らないから、もっと詳しく教えて」と。

ポイント

「わかんなーい」が口癖の女は、賢い肉食系男子と、草食系男子にはウケが悪いようです。けれど、「知りたい女子」「教えて女子」はいずれにもウケがいい。なぜなら男性が優位に立てるからなのは当然として、〝前向き〟に見えるからなんだそうです。ポジティブ女性は、いつの世もやっぱり人気！

「すごい！」の次に言う言葉。

褒められて嫌がる男はそういない。
だから、男は**褒めておだてて持ち上げる。**
「すごい！」の次に言う言葉は、思ったまんま、見たまんまを言えばイイ。
もうねえ、なんだっていいんだわ。
男は褒められたがりで、自慢したがり、の生き物だから。

カラオケでB'zをうまく歌った男に、
「すごい！　B'zの歌を○○さんみたいにうまく歌ってる人って初めて！」

車の車庫入れを一発で決めた男に（車庫入れ一発は、男はけっこう満足げだ

からぜひ！）、

「すごい！　１回でパシッと入れるなんて！　私のお父さんなんて、笑っちゃうくらいに下手だから」


ＺＩＰＰＯのライターをブーツの底で擦《す》って火をつける男に、（何やってんだ、こいつバカか？）と思っても、

「すごい！　そんなことして火をつける（バカな）人、初めて見た！」とかね。

「すごい！」の次に他の言葉を付け足すだけ。簡単便利に女度が上がるテクニック。

ポイント

大切なのは「すごい！」じゃない。「すごい！」はオマケでしかありません。重要なのは、すごい！　の次に「なにを言うか」。できるだけ具体的に、できるだけ短い言葉で、これがコツ。

目で語り、無音で伝える。

10年以上前、毎夜のように通っていたBARで、あたしは〝目《め》殺《さつ》師《し》〟と呼ばれていた。

理由は簡単。男（時に女）を目で落とし、目で殺すから。

あたしは黙っていりゃあ、そこそこに可愛い。けれどしゃべるとまるで台なしな下品女だから唇で話さず、目で語るテクニックを習得したいと常々思っていた。

でも、目で語るテクニックを細かく教えてくれる本はなく、自分で考え、案を生み、マスターするしか方法がなかったのだ。

まずは、練習台になってくれそうな人物を探すことから始める。

あたしの場合は弟がいたので、彼を練習台に〝目で語るレッスン〟を開始した。

1◆「YES／NO」を伝える。

これはおそらく誰にでもできるだろう。

相手の問いかけに対し、YES／NOを目で訴えるのだ。

YESならば、目を大きく見開き、うれしそうな表情を作る。

NOならば、相手から一瞬目をそらして考えるような表情を作り、再度相手の目を見つめる。

2◆「それ欲しい」を伝える。

これも簡単。

軽い上目遣い（口元は口角を上げ、笑みを作るか、いたずらっ子みたく尖《とが》らせるか、にして）で、相手を3秒ほど見つめた後、欲しい物に視線を移す。

あたしの場合、練習台がまだ幼い弟だったので、トンチンカンな返しをたくさん受けた。

「それ……欲しい」

——テーブルの上のボールペンと、弟を交互に見ながら目でおねだり。「はい」と渡されるのが、ティッシュボックスやマックのチーズバーガーだったことは多々ある。

この2つをマスターすることができれば、あとはけっこうなんでもイケる。

次に〝無音で伝える〟テクニックだが、これは簡単。『クチパク』のことだ。向かい合った席や少し離れた場所にいる相手に、声じゃなくクチパクで伝える。人はクチパクでモノを伝えようとする時、相手にわかりやすくするため、無意識にゆっくりとした唇の動きになる。それが色っぽく見えるし、相手は〝自分だけに送られたメッセージ〟だと勝手に解釈し、うぬぼれる。

ポイント

過剰なアイメイクによって、時として口以上に語る「本当の目」を隠してしまっていいのかな？　もったいないな、とよく思います。目ヂカラよりも「目で語れ」——わたくし春乃はそう思います。

メールよりも電話で話したい時。

人生で初めて、告白をして付き合った当時の恋人に電話をする時の、あのなんともいえない緊張感、手に握る汗、激しく脈打つ心臓と荒めの鼻息を、まるで昨日のことのように覚えているあたしは、実はけっこう〝純〟だと思うわけ。

いろいろ気遣っちゃうのよね。

今、電話しても大丈夫かしら？

寝てないかしら？　起こすと申し訳ないし。

だけど、声が聞きたくてたまらない。

でも、「なんだよ、寝てたのに……チッ」とか言われたらどうしよう。

実は、着拒されてたらどうしよう？　話し中だったらメゲそ。「誰と話してたんだろ……」とか、いろんなこと勘繰《かんぐ》っちゃうじゃんか。

こんなふうに、たかが電話1本で、脳内がパニックを起こしていたような気がする。

さてさて、お目当ての彼に1歩近づいたあなたは、彼とよくメールしていますか？　していますね？　してるだろ？　してると言ってくれ。じゃなきゃ、話が進まない。


メールは、比較的何も気にせずに利用できる便利なツールだと思う。

だけど電話は？　メールに比べると、電話は相手のプライベートを独占してしまうものだとあたしは思ってる。

だからこそ、電話をするのは気を遣う。時間帯は当然のこと、忙しいかもしれない、寝ているかもしれないなど。

だけど好きな相手の『声』って、やっぱ聞きたいやんか。

寝入りばなに「おやすみ」の肉声をゲットしたいやん。

だって、恋しちゃってるんだもんねッ♪（キモい）

そこで、あたしがよく使う、超簡単なのに〝可愛く思われる〟テクニックを少々。……テクニックってほどじゃあないんで、紹介するのも気が引けるけど。

名づけて、

『1分だけ電話してもイイ？　戦法』

だっ、誰⁉　今、ずっこけたのは⁉

これねえ、超簡単な作戦だけどかなりの効果があるんだから。

それに伝えやすいでしょ？　1分なら、相手にさほど負担をかけずにすむし、

「1分なら、まあいいか……」って気にさせることもできる。


お目当ての彼と深夜に何通かメールをしていたとする。

「それじゃあ、おやすみ」

「おやすみ」

みたいなメールのやり取りが終わったと同時に、

「ねえ、1分だけ電話してもイイ？」とだけ入力したメールを送る。

「いいよ」という返事が届いたら、すぐに電話を入れて、

「おやすみなさい」だけを言ってすぐに切る。

もしも「え、今から電話?」というメールが彼から返って来たら、「じゃあ、10秒だけ!」とメールを送る。あとは、同じ。

この『おやすみオンリー肉声電話』は、何度か続けてください。

何度か続けていくなかで、彼が「なんでいつも〝おやすみ〟だけなの?」と聞いてきたらチャンス。

「寝る前に○○君の声を聞くと、落ち着くから」とか。

「1日のいちばん最後に聞きたい声が○○君の声だから」とか。

あま〜いことを言う。これだけでいい。

そのうち、彼のほうから、

「もうちょっとしゃべろうか」

「もう少し話せるよ」

なんて言い出してくるに違いない。

もちろん、『1分だけ電話戦法』は、「おやすみ」の一言以外を話しても大丈夫。ただし、必ず1分だけ。〝女の話は長い〟と思い込んでいる男たちに、「1回話すと、あいつ長いからな」と思われると、この作戦はもう使えない。

だから、必ず1分だけ。

なごり惜しさを〝彼にも〟も感じさせるため。

そして毎夜の1分電話を**「彼の楽しみのひとつ」**にさせるため。

ちなみにこの戦法は、すでに付き合っている彼氏に使っても大丈夫。

え、あたし？

もちろんどの男にも使ってますよ、当然っしょ？

ポイント

コミュニケーションツールとして、市民権を得たメール機能。メールが当たり前になったからこそ、「声が聞きたい」という甘え方が、よりイイ感じに効果を発揮してくれる。ただしこれは「夜（眠る前）」だからこそ効くテクニック。日中の忙しい時間に「声が聞きたくて」と彼に甘えた友人は「ウザい！」と一蹴されていました。あははのは。

印象に残る言葉でライバルに差をつけろ。

あたしがもしも男なら、「優しい人が好き」とか言ってる女には興味を持たない。たとえそれが、けっこうタイプの美人なオネエチャンであったとしても。

理由は——責任感がなさそうだから。

てゆうか、普通すぎるし。

てゆうか、使い古されてるし。

てゆうか、三流の男に向けた三流の言葉っぽいし。

１００人の女のうち、80人が言いそうな答えを述べたって印象になんて残らない。

「優しい人が好き」

この答えが悪いわけじゃない。

どんなふうに優しいか——。

その説明を付け足すだけで、相手が受ける印象は全然違ったものになるのに。

言葉はマジックだ。相手を驚かせたり、関心を持たせたり、感心させたりが簡単にできる。

その逆もしかり。

『ウサギって寂しいと死んじゃうんだよ』

とか言ってる女は確かに印象には残るけれど、怖いからあたしにはムリ。

さて、では——〝印象に残る言葉でライバルに差をつけろ講座〟にまいりましょ。

「優しい人が好き」を例に挙げてみましょう。


1◆優しいって、誰（何）に対して？

「私に優しい人が好き」

「動物や子供に優しい人が好き」

「私の家族や大切にしている人たちにも優しい人が好き」


2◆優しさの種類はどんなもの？

「きびしいことを言ってくれる優しさ」

「なんでもかんでも許して認めて、甘えさせてくれる優しさ」

「ココロや身体が弱っている時に、かけてくれる言葉の優しさ」


「どんな男が好き？」と聞かれたら、あたしなら、たぶんこう言う。

『本当に必要な時にだけ、必要な量の優しさをくれる人が好き』

ただ単に「優しい人が好き」と言うよりも、このほうが言葉に重みが増す。

《落ち込んでる彼に対してかける言葉》
「頑張って」では月並み。

あたしなら、たぶんこう言う。

「○○君が頑張ってるのは知ってるから、頑張れなんて言わない。……だけど、誰よりも応援してるから」
※あえて書くまでもなく〝誰よりも応援してる〟がポイント。

《飲み会で彼氏募集中をアピールする時の言葉》

「彼氏いない歴○ヶ月です！　ただ今彼氏募集中」なんて死んでも言わない。

あたしなら、たぶんこう言う。

「彼氏ができたら、一緒に○○に行って××をしたいです」
※具体的な場所、具体的にしたい遊びを入れて、誘われやすい状況を作る。

《帰りを送ってほしい時に言う言葉》

「送ってほしいんだけど」では弱いので、

「最近、うちの近所に痴漢が多くて怖いから……送ってくれないかな？」

《また会いたい時に言う言葉》

「今日のデートはとても楽しかったです、また誘ってほしいな」よりも、

「○○君といると、すごく自然体でいられたの。**こんなに楽しいデートは初めてだったから**、また誘ってほしいな」

クドくなく、しつこすぎず、重くなく、だけど月並みではなく簡単に、〝少しだけ具体的〟に、言うのがコツ。

「好きだよ」「可愛いよ」と言われるよりも、『〜なところが好きだよ』『君の〜なところが可愛いと思う』と言われたほうがうれしいし、印象に残るでしょう？

それと同じです。

印象に残った言葉は頭の中でリフレインされる。そして同時に、その言葉を発した相手のことも繰り返し浮かぶ。

口下手なあなたでも、充分に使える〝手〟なのでぜひとも使ってね。

ポイント

印象に残る言葉を使うだけで、初対面からモテちゃうコツをひとつ。たとえば、自己紹介。モテる自己紹介のコツは「～**したい**」と入れること。その理由は前向きで明るい子という印象を受けるという点と、話す・誘うきっかけが作りやすいからだそう。「料理上手になり**たい**から勉強中」「一人暮らしを**したい**」「ゴールデンウィークは、ディズニーシーに行ってみ**たい**」など、なんでもいい。よければテクニックのひとつに取り入れてくださいましぇ。

会話が下手でも、モテる方法。

『うなずき上手』でいきましょう。

ただ単に、首を縦にコクコクと振るだけではモテません。

表情と手の動きをプラスさせて、うなずき上手になりましょう。

これはあたしが**「ニンニク」**を食べすぎた翌日に、よくやっている手なんですけど（フフフッ）。

まず、これだけは覚えておいてください。

男の人は、
◆クルクルと表情が変わる女の人が好き。
◆自分の話を真剣に聞いてくれる女の人が好き。

さて、ではモテる『うなずき』の方法について。

◆驚きを表わす――目を見開き、手を口元へ。

◆うれしさ、楽しさを表わす――口元には笑み。目は彼をジッと見て、うなずく間隔を早くする（話の続きをせかすように）。両手は胸の前で軽く握り合わせる。

◆悲しみを表わす――彼の目を見つめながら眉間《みけん》に軽くシワを寄せ、しぶしぶといった感じでうなずく。口元はわざと口角が下がるように結ぶ。そして〝左手で心臓の辺りを軽くつまんで〟話を聞く。

◆怒りを表わす――うなずきを比較的ゆっくりと、深めにする。彼の目を5秒見つめたら、5秒はずして考える（怒っている）ふうなポージングをする。

おすすめなのは、この4つです。

彼の話を聞いて、驚く、楽しむ。悲しい話には一緒に悲しんでいるようなうなずき、怒ってしまうような話には一緒に怒っているように見えるうなずきを返す。

『真剣に俺の話を聞いてくれている』と、手ごたえを感じるうなずきは、打てば響くような会話のキャッチボールよりも、上方演芸賞をとれそうなツッコミよりも、刑事も舌を巻くような誘導尋問よりも、男心を癒《いや》したり、安心させたり、自尊心を満足させることができます。

ニンニクやキムチなど、ニオイのキツイものを食べた翌日のあたしは、うなずき上手です。それとね、このテクニックにはもうひとつの利点があるの。「でしゃばった会話をしない女」に見えるからね、男ウケは相当いいですよ。

実践して損のないテクニックです。どうぞ、いちどお試しを。

ポイント

人間は動物です。ついつい「動いているもの」を見てしまう。
カレ、話す。あなた、うなずく。カレ、あなたを見る。あなた、カレを見る。
カレ、あなたを見て話す。あなた、カレを見てうなずく。フタリ、恋に落ちる。
ハルノ、喜ぶ（?）。——うなずきも立派な恋のテクニックです。会話が苦手、
ひとみしりなかたには特にオススメです。

モテウソ。「彼氏いるの？」と聞かれたら。

皆さんは1日にどのくらいウソをついてますか？

人は1日に3回はウソをつく生き物やと、なんかの本で読んだことがありま す。

「俺はうまいよ」という男にうまいヤツがいないように、こんもり盛り上がった巨乳が、脱いだら虚乳になるように、男と女は本当にウソばかり。

だけど、多少のウソがないと男女の間が盛り上がらないのも事実。

だからこそ、ウソは上手につかなきゃダメやと思うねん。

女たち――ウソとハサミの取扱いには注意せよ。使い方ひとつで、スパイスにも凶器にもなってしまうものだからね。

【例】　彼氏いるの？　と、聞かれたら。

まったくタイプじゃない男が相手なら、「いてるに決まってるやろ、ドアホが」と素直に答えられるけれど、もしもそれがキムタクなら？　もこみちなら？「ドンウォーリー、私は処女です」と、関係ないことを口走ってしまいそうな自分がいる。

たとえばそこで「どう思う？　どう見える？」のような、ツマラン返しをするウザい女には、天にかわってあたしがお仕置きするけれど、ばか正直に「います」「いません」と答えてしまうのは、面白みに欠けるし、せっかくのチャンスを棒に振ることにもなってしまう。

だけど、「いる」のに『いない』と答えた挙句、後でウソつき呼ばわりされてしまうのは、もっとダサい。

じゃあどうすればいいか？　コツを教えましょ。

「○○ちゃんって彼氏いるの？」

「いる……（3秒置いて）って答えたら、もう会えない？」

これよ、これ。このセリフを男の目を直視しながら、少しだけ寂しそうに言いましょう。軽く首をかしげながら上目遣いにするのをお忘れなく。

ポイントは**「明言を避け、観点をずらす」**ところにあるんです。

〝彼氏がいる、いないなんてどうでもいいじゃない？　それよりあたし、またあなたに会いたいの、わかるでしょう？〟

「いる」のに『いない』とウソをついたわけじゃない。

「いない」のに『いる』とウソをついたわけでもない。

ウソじゃないけど、ほんとでもない。

だけど、また次も会いたいって思ってるこの気持ちだけは、ほんとなの。

これでドキッとしない男がいたら、あたしの前に連れて来いっ！

謝ってやる（ショボッ！）。

ポイント

このテクニックのすごいところは（自画自賛）――本当は彼氏なんかいないけど「いるって言ったら……もう会えない？」。本当は婚約者がいるけれど「いるって答えたら……もう会えない？」――彼氏の有無に関係なく使えて、同じだけの効果があるという点です。よって、超オススメです。

言葉遣い～自分を名前で呼ぶ女～

いい加減、ええ歳ですが、あたしはあたしを〝れぃ〟って呼びます。

まあ、アホじゃないんで、かしこまった席では、当然「わたし、わたくし」と言いますが、基本的に心がフリーダムの時は、いつだって「れぃはね」「れぃはさ」「れぃ的には」。

なんだ、れぃ的には……って。

食べ物屋さんでオーダーを取られた時でも、「あ、れぃは食後にオレンジジュースをお願いします」とか、言うてしまいます。

もうこれは口グセやもんね。直らへんわ。直す気もないし。

場所や相手を選んで使い分けさえすれば、誰に迷惑をかけるわけでもなし。

え？　聞いてて気持ち悪い、だと？

鼓膜でも破っとれ。


さて、言葉遣い。キレイですか？　汚いですか？

男は言葉遣いのキレイな女が好きですよ。当たり前ですけど。

ちなみにあたしは、言葉遣いがキレイではありません。

はっきり言って汚いです。

が、キレイな言葉遣いも当然できます。

尊敬語や謙譲語、丁寧語も頭には80％ほど叩き込んでおります。ただ、それをうまく使いこなせてないだけの話（あかんがな！）。

〝色白は七難隠す〟というけれど『キレイな言葉遣い』も七難隠してくれますよ。

注意すべきは4点。

◆早口で話さない。

できる限り、ゆっくりと柔らかさを意識して話す。

◆タメグチで話さない。

相手が年下だろうが店員さんだろうが絶対にタメグチで話さない。

◆流行の言葉で話さない。

超可愛いし～。マジやっべぇ！　てゆうか。ありえなくない？　などは、死んでも言わない。

◆普通に考えてひどい言葉で話さない。

アホか、ボケ、死にさらせ！　なんて、言うわけがない。

これら4点すべてを、普段の生活のなかでフンダンに取り入れていない、言葉遣いの乱れたあたくしですが、初対面の相手には、この4点を意識して話しますよ。

そんなの当たり前だのクラッカー。

付き合った男には必ず言われる。

「今時の子やとばっかり思ってたのに、言葉遣いがちゃんとしてるから好感が持てた」と。「なのに、フタを開けてびっくり」とも。

客室乗務員（通称：スッチー）の話し方が理想だわよ。物腰柔らか、頭もそこそこ良さそうで、声色も女性らしくて、いい感じ。

あと気をつけるのは、電話の対応。

彼が聞いているそばで誰かと電話で話す時。男は女の電話を聞いてますからねえ。

17時から19時までに電話をかける場合は、

「お忙しい時間に申し訳ございません」

19時～21時までに電話をかける場合は、

「お食事時に申し訳ございません」

21時をすぎたら、

「夜分恐れ入ります」

電話を切る時は、

「失礼いたしました」

また電話はかけたほうが先に切るのが常識で、その場合、家の電話なら受話器をガシャン！　と置かずにフックを押して切る。

などは、常識やね。

普段はがらっぱちですけどねえ、決める時は決めますよ、あたし。

だって、好感度は**〝上げてなんぼや〟**と思ってるから。

あと、補足だけど「ありがとう」って言葉はぜひとも口癖にすべし。

食事を持ってきてくれた店員さんにだろうが、コンビニの店員さんにだろうが、もうほんと誰にでも。

「ありがとう」の一言で、あなたの株はぐんぐん上がるから。

「ありがとう」の話での蛇足。

彼の車の助手席に乗っている時。道を譲ってくれた車に対して、相手に見えているかいないかにかかわらず、軽く頭を下げてくれる女に対して、男どもは高い好感度を持つみたい。

ポイント

ギャル男・チャラ男を除くほとんどの男性は「略語」「ギャル語」、初対面からの「タメ口」、早口の女性には好感を抱かない。「お嬢さま語」を話す必要はないけれど、好感度を下げる話し方は意識してヤメましょう。

Lesson 3

男がドキッとする「し・ぐ・さ」

占いはうまく使う。

「血液型何型？」――A型だけど
「ああ、じゃあ几帳面《きちょうめん》で神経質でしょう？」

「生年月日は？」――19××年生まれ、7月×日だけど
「ってことは、○○座だから〜な性格でしょう？」

とか言う女を、あたしはあまり好きではない。

どおでもええわ、んなこと。これが最大の理由。

血液型占いとか、生年月日占いとか、動物占いとか、寿司占いとか……、占いの種類が多いのは、それぐらいニーズがあるからだとは思うんだけど、男（や、あたし）って、それほど占いに興味ないから。

ただ過去に1人だけ、その占いをうまく使ってる女の子がいた。

彼女は前述した、血液型うんぬんの占いをしない。もちろん、タロットカードやトランプなんかも使わない。

それなのに彼女がその占いをはじめると、本来は占いに興味がないはずの男たちまでが「俺も、俺も」と身を乗り出す。

あたしはそんな彼女を見て「おとなしい顔をして、こいつなかなかヤルな……」と、毎回思っていた。

彼女がしていた占い、それは。

「ほくろ占い」と「手相占い」。

《手相占いの場合》

手のひらのスジを、解説しながら〝爪の先〟で優しくなぞる。それがエロを意識していないふうにしているのが、よけいにエロく見えるわけです。

「これが運命線で……」と説明を受けながら、爪の先でなぞられると、確かに気持ちええんです。ぞわぞわするんです（体験者のあたしが語る）。

でもって、説明しながら顔を覗き込み、ジッと目を見つめられるもんやから
（こいつ、あたしに気ぃあるんちゃうん？）とうぬぼれてもしまうわけです。
女のあたしでもそう思うんだから、男なんかイチコロで。
よくお持ち帰りしてたなあ……あの子。マジよ、百発百中やったんちゃうかなあ？

《ほくろ占いの場合》

「どこにほくろがあるのかなあ？　あんがい自分では気づいていてない場所……」

とか言いながら、相手の顔や〝首筋〟や〝耳の裏〟を優しく触るわけです。

完璧《かんぺき》に『性感帯狙いやん！』と思わず突っ込みたくなるけれど、それが彼女のテクニック。

そして最後に必ずこの一言で、彼女は狙った男を落としにかかる。

「性感帯にホクロがあると、男女ともに名器なんだって。私は胸にほくろが1つあるんだ」

彼女の胸にほくろがあったかなかったか。

それは彼女を抱いてないあたしにはわかりっこありませんが、この彼女の『ほくろ占い』と『手相占い』で、落ちていった男はマジで多かった。

それともうひとつ、彼女はどんな人にでも「悪いこと」を絶対に言わなかった。

「この線（手相の）は、すごいラッキーなんだよ！　滅多《めった》にないんだよ！」とか、「このほくろは、すべてにおいて成功するほくろなんだよ！　すごーい！」とか、占い上手で触り上手で褒《ほ》め上手。

これで男が落ちないわけないわな……という見本のような女でした。

ちなみにこの彼女、ぽっちゃり体型で色白、女性お笑い芸人「アジアン」の馬場園ちゃんにそっくりでした。

ついでに書くと、あたしの左乳の乳輪にはほくろがあります。ムフ。

ポイント

「手相占い」が流行っている今日のこの頃。男子が喜ぶボディタッチの一環として、ぜひとも取り入れていただきたい占いテクニックです。

ボディタッチの1・2・3。

ちなみに「イチ、ニッ、サン」ではなく、「ワン、トゥ、スリー」って読んでもらわんと困ります。

『ボディタッチをすると、ドキッが生まれるらしい』ってな話を巷《ちまた》でよく耳にするが、どうやらこれはウソじゃあない。

アメリカ育ちのあたしは感情表現が非常に豊かだし、ボディタッチなんて、日常茶飯事、朝飯前のコンコンチキ。あたしにとっての〝当たり前〟なそれらの行動が生んだ誤解は数え切れない。

関西に暮らす女子にはきっと賛同を得られると思うのだが、大阪のオバちゃんって、よく触るよね？　めっさ触るよな？

て、ことはだよ？

ボディタッチは、オバちゃん触りと〝紙一重〟ってわけだ。触り方を誤ったり、触る箇所を間違えると、ドキッよりもオバハン臭さを発生させてしまう。

大阪のオバちゃんは、笑うと同時に隣の人の肩をばんばん叩く。話しかける時は「ちょっと！」と相手を呼びながら、肩を2回叩く。これじゃあ、愛は芽生えない。

ここで書いた、笑うと同時に隣の人の肩をばんばん叩くという行為を、モテボディタッチに替えると以下のようになる。

《飲み会やコンパ会場など》

1✦面白すぎて、顔に両手をあてて笑っているあなた。
2✦隣りにはちょっぴり意識している彼がいる。
3✦両手で笑い顔を覆いながら、身体を彼に傾け、**彼の肩付近に笑いなが**

らもたれかかる。

ハイ。ものすごく自然で、かつ可愛らしいボディタッチのでき上がり。

次、話しかけると同時に「ちょっと！」と肩を叩くという行為を、モテボディタッチに替えると以下のようになる。

《飲み会やコンパ会場、バイト先でもどこでもOK》

1◆人差し指で彼の肩、わき腹、太ももを「ねえねえ」と言いながら、2回つっつく。

2◆意中の彼の上着のすそを「ねえねえ」と言いながら、軽く2回引っ張る。

3◆ターゲットの彼のケツの端を「ねえねえ」と言いながら、「グー」で軽く2回ポンポンッとする。

ポイントは「ねえねえ」と言いながらの上目遣いと、2回のアクション。

1回だと気づかれないこともあるし、3回だと作為的。自然なのは2回。

すべて実践済み。

その他あたしが意識せずによくやる、ボディタッチ例。

《彼におめでたい出来事が起こった場合》

「すごいじゃん！　ヤッタじゃん！」と目をまん丸にさせて自分のことのように喜びながら、自分のアゴのあたりで手を2、3回「おめでとう！」とパチパチ叩く。

んでもって、両手をあげて彼と「イエーイ！」とハイタッチ。

——で、そのまま軽く指をからませてギュギュッと。もちろん満面の笑顔で。

《彼に悲しい出来事が起こった場合》

落ち込み、うなだれ、頭をガクッと下げている彼。

1◆彼が座っている場合

彼の頭に自分の頭をコツンと合わせるだけ。

2◆彼が立っている場合

うつむきながら、彼の両手のひら（または両手首）をそれぞれの手でつかむだけ。

《大小問わず、何かの約束をする場合》

「指きり」と言いながら、彼と自分の小指をからませる。

――で、そのままからませた小指を自分の唇に持ってきて、彼の小指に軽くキス。

――で、今度は「はい♪」と言いながら、からませた小指を彼の唇に持って行き、自分の小指に軽いキスを求める。

これ、非常によくやります。相手が初対面でも全然やる。

相手が驚くと「私の家族は指きりの時みんなこうやるよ」と軽く流す。

ま、あたしはアメリカンなので許されるのかもしれないけど、効果は絶大だ。

ボディタッチはイヤラシサよりも可愛らしさを優先すると、成功しやすい。

ただし、男の前でだけ狙ったようにボディタッチをすると、女たちからウザがられたりするケースが多いなんて話を聞く。よって、普段から女子にも男子にも分け隔てなくボディタッチをするといいですよ。

あたしは老若男女に、年がら年じゅうボディタッチしまくりです。

彼氏には不評だけど、他の男（や、レズっ子）にはウケがイイ。

ポイント

わたしには席を立つ時などに、無意識に人に触《さわ》るクセがあるらしい。「『俺だけに』トイレ行くよー。戻ってきたよーと合図されているみたいで、勘違いします」と複数の男性に言われて、気がついた。肩や背中に〝ふっ〟と、〝そっ〟と触るだけらしいのだが、触られた男性はそうとうドキッとするのだとか。知人男性曰く「1回の飲み会で、これを2回やられると落ちる」らしいので、いちどお試しくださいませ。

大きなイメチェンをする。

イメチェン。

あえて説明するまでもなく、イメージチェンジのことだが。

「髪の毛5センチ切ったんだ！」とロングヘアーのあなたが言ったところで、まず、ほとんどの男はそれに気がつかないだろう。

「髪の色、変えてみたんだ！」と茶髪を2トーン明るめにしたところで、気づいてくれる男は日本広しといえども、石田純一ぐらいだろう。

大きなイメチェンは、良くも悪しくも効果的なのは間違いない。

肝心なのは**「あの子、なんかあったのかな？」**と相手に思わせること。

目で見てわかる、わかりやすすぎるくらいのイメージチェンジとは——

◆髪をばっさりカットする。
◆カラー（髪）を思い切って変える。
◆今まで〝素手〟だったのに、いきなり指輪をはめる。
◆服装を一気に変える。
◆メガネをコンタクトに変える（逆もOK）。
◆スニーカーをヒール高めの靴に変える。
◆携帯電話を番号ごと新しいのに買い換える（新しい番号やメールアドレスを教える口実にもなる）。

などなど。とにかく、目につきやすいものを大きく変化させる。

それが似合ってようが似合ってなかろうが（似合ってるにこしたことはないが）、「なにかあったな、あの子」「どうしたんだろ」「失恋でもしたか？」と、男は勝手にイメージをふくらませてくれるので、非常に楽なのだ。

このイメチェンは気になる相手にはもちろん、恋人にも使うとよい。

ただし……ウザいぐらい疑い深い彼氏には〝ほどほど〟に、にゃ。

ポイント

簡単なイメチェンは、やっぱりヘアスタイルを変えること！　ですが、さてさて皆さま。モテる髪形は「ロング！」「巻き髪！」だと思っていませんか？　2009年末に行なった「100人アンケート」で男性から最も人気が高かったヘアスタイルは「ボブ」でした。ロングヘアや巻き髪の人気も低くはなかったけれど、近頃多い「肉食系の仮面を被った草食系男子」や草食系男子には、コッテリ度高めの女らしいヘアよりも、爽やかなボブのほうが「好感が持てる」「スナオそう」「明るそう」と好評でした。ご参考までにっ！

甘えもすぎれば毒となる。

なんでもそうだと思うけれど、『すぎる』とロクなことがない。

勉強ぐらいじゃないか、しすぎても損しないのって。

モテる系の本を読むと〝甘え上手は男にモテる！〟と、よく書かれている。

確かに、甘え上手はモテると思います。

ただし1歩間違えると逆効果。ポイントをわかってないと、モテないどころか嫌われる。

男が好きな甘え、嫌いな甘え。

あなたはきちんと把握《はあく》できていますか？

最もポピュラーで、男ウケの悪くない甘え。それは『プルタブ』。

缶ジュースなどのフタです、クッと持ち上げて、グッと引くあれ。

ただし最初から「開けて」と言うのは、甘え下手の証拠。

正しい甘え方は、〝自分で開けようとしているんだけど、どうしてもできなくて困っている〟という演出（小細工ともいう）です。

んなもんねぇ、できないわきゃないんですよ。プルタブなんか、１００本分でもガッコンガッコン開けられますよ。

でも、そこは開けずに演出するのです。

たとえば居酒屋に行って、〝生しぼりグレープフルーツ酎ハイ〟を頼むとする。すると、半分にカットされたグレープフルーツとそれをしぼる器具（？）が渡されます。

その場合も同じ。

まずは自分でやってみる（もちろん、不器用演出で）。だけどやっぱりうまくしぼれなくて、困ったような情けない顔で彼を見る。これが正しい甘え。

正しい甘え方（男の好きな甘え）は、『**手を差し伸べたくなる**』ように仕向けること。

このほうが男は「俺がいないとダメなんだな」と思うのだ。

「～してほしいの」と頼むより、『がんばってるのにできなくて困ってるポーズ』をするほうが１００倍可愛く映ります。

男の嫌いな甘えは、なんでもかんでも過剰に甘えること。

言うなれば〝自立できてない甘え〟かなあ。

付き合った最初の頃はそれも可愛いだろうけれど、甘えすぎは、相手を疲れさせてしまいます。

甘えを正しく使って、明日のモテにつなげてください。

ポイント

男子１００人アンケートの結果では――「自立しているのに、甘えん坊なところもある女性が好き」という意見がダントツに多かった。この不況で、働く男性の価値観は変わってきています。ひと昔前なら人気の高かった、依存体質の甘えん坊女子は、面倒くさそう、付き合うと大変そうと「要注意人物」扱いに。甘えすぎには、くれぐれもご注意くださいませ。

指先はクチほどにモノを言う。

まずひとつ先に書いておくが、男は〝イメージをする生き物〟だということを頭に叩き込むよーに。

考えればわかるだろうと思うけど、男がイメージをする生き物でなければ、グラビアアイドルのＤＶＤや写真集があんなに売れるわけがない。まったく何を妄想《もうそう》してんだか。

さてさて本題に。

指先の動きに、気を配りすぎるほど配ったことはあるだろうか？

ネイルをきれいにピカピカキラキラにしろってんじゃなくて、〝指先の動き〟だよ？

これを読んでいる人のなかで、歌舞伎の女形の動きをじっくりと研究した人はおそらくいないんじゃないかな。

ニューハーフや、歌舞伎の女形が**色っぽい**のは、女性より女らしさを〝つくりあげている〟からだと、あたしは思う。

指の先にまで気を配り、『女を意識させて』&『妄想させる』

グラスを持つんじゃなくて**両手を添え、支える。**

マイクを握るんじゃなくて、**優しく包む。**

わかりやすく書くと、チンポコを触られている妄想を抱《いだ》かせるわけなんですけど。

すべての「物」を『好きな男の身体』に見立てて、タッチするわけです。

あたしも若い頃は、ワープロ（当時はパソコンじゃなくて）のキーボードを叩く時ですら、男の目を意識していたわ。

〝叩く〟じゃなくて、滑らせる。

男の身体を優しくマッサージしているつもりで文字を入力する。

「れぃちゃんの入力の仕方ってエロい」って、男連中からヤンヤヤンヤ言われたもんよ。

お下品な話はさておき——モノに触れる時は、指先を揃えて、〝すっ〟と触れるほうが美しく見えます。ネイルに力を入れるのもいいですが、指先の動きにまで神経を配り、気を抜かないことも大切です。

まあとにかく、ネイルピカピカより指先の動きにまで神経を配れ。気を抜くなってことよ。

ポイント

特にナシッ！

笑い方にこだわる。

時々、ドリフの笑い屋のオバチャンのようなバカ笑いをしてしまう。

しかし、このバカ笑い……男ウケがイイかというと、けっして良くはないようだ。

これに早々と気がついたあたしは、大笑いでも可愛く見せる方法はないものかと、頭をひねり続けた結果、1つの策が誕生した。それは——。

両手で顔を覆って笑う方法。

これなら笑い声が手で押さえられて内にこもるし、「ものすごくおもしろがっている」と相手に思わせることができる。そのうえ、笑いすぎて崩れた顔を相手に見せなくてすむだけでなく、小さな子供みたいに可愛いしぐさで、〝愛しくなる〟などと言われる。

無邪気なんて言われたりするんだよ、こんな邪気だらけのあたしが。

〝笑顔〟って、皆もわかってると思うけど、やっぱり大切だと思うんだよ。

でも少数ではあるけれど、**「キッショイ笑顔」**があるのも事実。

だから鏡を見て、可愛く見える角度を知ること。

そして、可愛らしく見える笑い方を研究しましょう。

『奇跡の1枚』を撮るために、携帯のカメラで何度も撮り直しをするような感じでね。

ブサイクちゃんが笑顔もブサイクだなんてことはない。

お嬢様風で普段はおしとやかな女の子が大口開けたバカ笑いをするのを見て、驚くと同時に、「俺が笑わせたんだ!」と達成感を感じる男もいるだろうし、いかにも大口を開けて笑いそうな女の子が、片手をクチに当てて(この時、指の間隔を開けると子供みたいでより可愛くなる)笑ったりするギャップに、男は可愛いを感じる。

あとはこれ。

クチを**「あ」**の形に開かずに、**「え」**の形に開いて笑う練習を。

そうすれば「あははは」ではなく、「えへへへ」もしくは「イヒヒヒ」という笑い声になるから。

あとは、その延長線として「え」のクチで軽く下唇をかむと、なんとも言えん笑い声になるうえに、ハニカンデルっぽさも出るのでなお良し。

ポイント

笑いは、相手との距離を一気に縮めたり、打ち解けるきっかけを作ってくれたり、かなり使える武器だけれど、それゆえ猛毒にもなる。「オバチャン笑い」に「バカ笑い」、バシバシと人を叩きながらの「豪快笑い」は、恋する男性には不人気です。ほんと、気をつけたいものですよね……。

ちょいドキ　アラカルト。

1発でノックダウン可能なモテテクもあれば、何度も繰り出されるボディブローのように、じわじわと効く小さなモテテクもある。

ここではそんな**ちょっとだけドキドキ**させることができる小ワザを紹介。

〝ちょいドキ〟に使う小ワザはできるだけたくさん持っていたほうが良い。

なぜか？

理由は、じわじわと効かせなければならないからだ。

この〝ちょいドキ〟は特定の彼に対してだけでなく、不特定多数に向けて使ったほうが良い。

なぜか？

「あの子、イイコだよね」と皆から人気のある女の子を、男は落としたくなるものだから、だ。

この〝ちょいドキ〟テクニックは、え？　なんだ、そんなのでいいの？　大丈夫なの？　と思うような本当に小さなものばかり。

だけどあまりに小さすぎて、他の女の子たちが見すごしがちという利点がある。

ではまず、これだけは最低でもやってください〝ちょいドキ〟10ヶ条。

1◆靴並べ。

どんな時でも、脱ぎ散らかされた靴（自分や仲間の）はきちんと並べる。

ただし、座りながら並べる時の姿勢は、どっしり腰をおろすのではなく、見られていることを意識して、女らしいSの字ラインに身体をくねらせながら。

2◆店員さんへの愛想。

頼んだ料理を持ってきてくれた店員さんに「ありがとう」。

食べ終わったお皿を下げてくれる店員さんに「ごちそうさまでした」。

お店を出る時にレジを打ち終えた店員さんに「ごちそうさま、おいしかったです」。

厨房が見えるお店なら、その中に立っている店員さんに軽く一礼。

3◆いただきます、ごちそうさま。

食べる前に、小さな声で「いただきます」。できれば軽く両手を合わせて。食べ終わった後は、彼を見ながら「ごちそうさまでした、おいしかった！」こちらも、できれば軽く両手を合わせて。

もちろんお店を出てからも、再び「ごちそうさまでした、ありがとう。ほんとにおいしかったね」を忘れずに。

4◆食べ終わったお皿は店員さんが下げやすいように通路側へ。

食べ終わったお皿や空いたグラスは、〝手の届く範囲にあるもの〟からテーブルの端（通路側）へ移動させる。

自分の手が届かない位置にあるものまで、移動させる必要はありません。
※ただし、油物の器は重ねない。
5◆携帯の電源はオフる。またはバイブに。

人と話している最中に携帯に出たり、携帯を見る人はけっこう多い。これはよほどの急用でない限り、できるだけしないほうがベター。嫌がる男、多いもんね。

お店に入る数歩手前で、バッグから携帯を取り出し、これ見よがし(?)に電源をオフ。

6◆譲ってくれた車には、頭を下げる。

道を譲ってくれた車には、相手のドライバーに見えてようがなかろうが頭を下げる。

7◆彼、彼らの知り合いには必ず『敬語』で、一歩下がる。

知らない相手にはまず敬語。

これは当たり前ですよね。相手が年下だろうと関係ない。でも、できてない人多いよね。

そして、紹介されるまでは、**一歩下がって立つ**。紹介されたら半歩前に出る。

8◆ヒジをつかない、脚を組まない。

食べ物屋さんでは、ヒジをつかない（当たり前）。

テーブルの下では、脚を組まない（嫌がる男多いよ）。

BARでは、脚を組むのもOKだけど〜。


9◆とにかくうなずく。

話をしている相手を見ながら、とにかくうなずいて〝聞いていること〟をアピールする。

悲しい話なら、それなりの顔で。楽しい話なら、めちゃくちゃ楽しそうな顔をしながら。


10◆片づけ終わってから出る。

カラオケボックスや食べ物屋などから出る時は、ある程度テーブルの上を片づけてから出るように心がける。

その他
・グラスが空になったら「おかわりいる？」の一言。
・彼、彼らが歌い終わった後の、小さな（音の鳴らない）拍手。

・吸いがらでいっぱいになった灰皿を店員さんに取り替えてもらう。
・彼、彼らの袖口がお皿に触れそうな時は、さっと袖口を押さえてあげる。
・なくてもいいけど、あったら便利グッズを常備。
バンドエイド・1本ずつ使いきりの目薬・綿棒。あたしは持ってないけど
ソーイングセット・携帯用ウエットティッシュなど。

「え？　こんなことで？」

そう。こんなことぐらいで男心はちょっとだけドキッとする。

彼らは見てるからね。針の先ほどの小さな行動をしっかりと。

ポイント

大切なことをひとつ！　大皿料理を小皿に取り分けるなどの行為をする女の子は、モテる！　という言い伝えがありますが、やりすぎは注意。なぜなら――「はい、これ」「……ありがとう」と、そのつど会話が止まってしまうのが「イヤだ」という意見が多いからです。また、「自分の食べる分は、自分でお皿にとる」という男性も近頃は増えてきています。気遣いは「ほどほど」に。

モテる女のミラーマジック。

今はもう夜明けのスナックのママに近い声をしているが、その昔、今よりももう少しだけハイトーンヴォイスだった頃の、あたしの十八番の物マネはユーミン（松任谷由実）だった。

これに関しては泣く子も黙る激似っぷりで、家庭科の時間に披露《ひろう》したユーミン物真似ライヴでは、家庭科の先生も（授業を妨害されて）泣いていた。

ミラーマジック。

これは手鏡を出して彼に何かをアピールするという意味不明なものではなく、目の前にいる彼の言動を〝映し鏡〟のように『マネれ』ってことなんですよ。

人間というのは、自分と似ている、また共通箇所を多く持つ者に対して心を開きやすくできている。

もちろんその逆、似ていないから興味を示すという場合もあるが、それはそれ、これはこれであるわけだから、使い分けは自分でよろしく。

さて、では今回はこの〝ミラーマジック〟についてお勉強しましょう。

1◆順接の接続詞をマネる。

「だから」「それで」「それから」。

これらを順接の接続詞というんだけれど、相手が話している最中にそれらが出てきたらマネをする。

男「～山田が何々でさ、それでさ」

女「それで？　それで？　それで⁉」

順接の接続詞を使うメリットは2つ。

1つ目は、相手の話の続きが『早く知りたい』というアピールになる。

2つ目は、純粋に同じ言葉をクチにするという共通点を作る。

ただし、この順接の接続詞の使い方を間違えたり乱用すると、逆効果につながってしまうので要注意。

何度も同じ言葉をマネされると、からかわれているような気がする男もいるだろうし、順接の接続詞の〝1回使い〟は、冷たく突き放された感じにもとれる。なので2、3回は繰り返して使うことを強くおすすめします。

「だから？　だからどうしたの!?」

「それで？　それで？　それでどうなるの!?」

こんなふうに。

2◆彼の自然な動きをマネる。

髪を触る、グラスに手を伸ばす、口元をふくなどの自然なしぐさをマネる。

『わざとマネしている』のがバレないように、あくまでも〝偶然同じ行動をとってしまっているだけ〟な感じにね。

小さい子供が、大人のマネをしているさまは無邪気で可愛いでしょ。

それと同じ。

3◆似ている点、共通点をアピールする（90％だけ）。

血液型、出身地、好きな映画や音楽のテイスト、趣味や特技、興味があること、休日のすごし方など。

ありとあらゆる物事を「私も！」「あ、同じだ！」「知ってる！」とアピールしましょう。共通点の多い相手に、人は嫌悪感を抱かないようにできています。

ただし、あらゆる流行や情報にある程度精通していないとボロが出る場合もあるので要注意。

芸能人や美容にコスメなど、話題や知識にかたよりがある女子は、男が食いつきやすい情報を広く浅く知ることが何よりも先決である。

ただし共通点をアピールするのは**90％で抑えること**。

あまりに似すぎていたり、共通点が多いと、もう1歩踏み込んで「この子をもっと知りたい」と思わせられないから。

ポイント

ターゲットのキャラに合わせた「ミラーマジック」を使わないと、誰にでもイイ顔をする八方美人・軽い女の子に見えてしまうことがあります。特に「肉食の仮面を被った草食系男子」や「完全なる草食系男子」は、恋愛に真面目で繊細です。似ている点や共通点をアピールする時は、テンションを上げすぎないこと！。これ、すっごく大切ですっ。

必勝!? 一歩下がり術。

キャラクターのせいだとは思うんだけど、あたしは前へ前へ出る、いわゆる『でしゃばりさん』に思われることが多い。

確かに自己主張は非常に強いけれど、あたしはとても〝したたかな女〟なので普段はちょっと引き気味だ。

なぜって?

だってそのほうが、いざ主張したいことがある時に**意見が通りやすい**ことを経験で知っているからよ。

それにまだまだこの世は、男社会。

男を立てるために、女が一歩下がる。

これでたいていのことが、〝あたしに都合よく動く〟ことも知っている。

『出る』『下がる（引く）』、この割合を間違ってしまうと、ただの都合のいい女になってしまったり、または〝でしゃばり〟〝アピールがうるさい女〟だという悪いレッテルを貼られてしまう。

そうならないための一歩下がり術を今回は一緒にお勉強しましょ。

《最低でも押さえておきたい一歩下がり》

1✦彼の知り合いの前で。

◆彼をニックネームや呼び捨てでは呼ばず、必ず「～さん、～君」に徹底。

◆立ち位置からして、彼の一歩後ろに。

◆なれそめや関係を聞かれた場合、自らすすんで話し出そうとはせず、説明のすべては彼にまかせる。

◆口数は極力少なく、控えめに。しかし、笑みはたやさない。

2✦彼が酔った時、グチり始めた時、熱く語り出した時。

◆絶対に彼を否定しない。

◆意見は聞かれた時のみ言う。

ただし、彼の考えを〝まず褒め、立て〟たうえで、「〜たとえばこんな方法は?」などの例を出すくらいにしておく。

◆正直うっとうしいが、終始うなずくだけの聞き役にまわる。

◆早く切り上げたい時は、がんがん飲ませて眠らせるに限る。

3✦ショップなどに出入りする時。

◆彼に先に入って(出て)もらって、自分はその後に続くのが(日本では)キレイ。

4✦〝自分と比較して〟彼を褒める。

◆「わたしはこんなこともできないのに、やすやすとそれができるあなたってすごい」

こういう褒められ方を男は特に好む傾向がある。『愚かなわたし、立派なあなた』みたいな感じね。思ってなくても言うが勝ち。とにかく彼(男)を〝優位〟に立たせる。

『ただ褒めちぎる』よりも、こちらが先に一歩引いておくことで、「優位」がいっそう引き立つ。

《実は難しい一歩下がり》

彼（恋人、それ以外の異性も含む）と、食事に行った時のことを思い出してみてほしい。

キャッシャーで彼が支払いをしている間、あなたはどうしていますか？　どこにいますか？

A 先に店から出て彼を待っている。
B 彼の後ろに下がって、支払いが終わるのを待っている。
C 彼の横に並んで待っている。

だいたいこの3つのパターンのいずれかじゃないかな？

これらの行動には、実は女側の気遣いが隠されていることも多い。

たとえば、「A」――

「支払いの値段や支払いの方法（カードを使ったり、領収書を求めたり）を見られるのはイヤなんじゃないかな？」そう気遣って、外へ出て待つことにした。なのに彼らは逆のイメージを抱いたりする。

『男が支払うのが当たり前だと思ってる最低な女』こんなふうに。

確かにそう思っている女もいる、かもしれない。だけど、そういう女ばかりじゃないってことを声を中にして言いたい。

たとえば、「B」――

いちばん自然で、最も受け入れられやすいのはこれ。

ただし男によっては、支払い金額や、支払い方法を見られるのを嫌がる人もいる。

だからあたしはこの場合、不自然にならない程度に反対を向いたり、店員さんやシェフに笑顔（や、愛嬌）を振りまいて、〝傍にいるけど、聞いて（見て）ないよ〟というポーズを作ることにしています。

たとえば、「C」――

これはかなり親しい間柄になってからで、スーパーや近所の居酒屋（彼となじみの）に行く場合のみに適用。

ただし、その判断基準は服装。

彼が力を抜いた服装（気取る必要がない）の時だけは「C」を選びます。

隣りで小銭をさっと出したりとかね。

支払いする金額を見られたくない。

――（だけど、知ってはほしい）

支払いする場面を見られたくない。

――（1万円くらいでカード使ってる、領収書を請求してるって思われたくない）

――（だけど、男が払って当然って態度をとられるのは勘弁してほしいんだ）

ってことで、いちばん使えるのは「B」。

ちょっと小銭が足りなかった時に、「ごめん、100円貸してくれる?」って言える距離にいるのがベターってことですね。

《補足》

気をきかせてだとは思うんだけど「あたしも2000円出すね」と、キャッシャーの前でやられるのはマジでダメらしい。

それこそ『男を立ててくれよ』って思うらしいので、気をつけましょう。

ちなみにあたしは気を遣って「A」の行動をとり、付き合い始めたばかりの昔の恋人とケンカをしたことがあります。

ポイント

「一歩下がり術」とはつまり、でしゃばらないこと。日本の男性は、まだまだ保守的で古風です。ここぞ! という時に、下がってくれる(=オトコを立ててくれる)女性にかなり弱いです。ぜひとも覚えて、使って、下がってください。一歩ほど。

Lesson 4

モテる女のスペシャル「テ・ク」

告白されるための環境づくり。

ひと目惚れをした相手を3日間ほど軽くストーカーし、告白をしたことがあります。

あたしの人生、最初で最後の告白劇でした。それはそれはダサい、告白シーンだったような気がします。

さて、そんな「ヘタれ」なわたしとは違い、〝告白する〟のが好きな女の子って、けっこういるみたいですね。

『そのほうが恋愛してる気がするから』とは彼女たちの談。

本当のことを言えば、あたしは〝言葉はいらない派〟の人なんですよ。

気がついたら隣りにいて、我に返ったら愛してた……みたいなのが好きなもんで。

それに極度のテレ屋なもんだから、告白なんて二度としたくない。だからやっぱり『する』よりも『される』を選ぶことになっちゃうんだけど、イイなあの人、って思ってる相手からやっぱり告白されたいよね。

ということで、告白される環境をつくりましょう。

1◆単独行動をするべし。

2◆会話はしなくとも、普段から、頻繁《ひんぱん》に〝目〟だけは合うようにしておくべし。

なぜ、この2つを挙げたかというと、今まで告白された男（女）に、「なんであのタイミングで告白してきた？」のかを聞いたら、この答えがダントツに多かったからなんですよ。

男ってシャイじゃん、基本的に。

告白する時って確かに、〝思いがあふれて、勢い余って〟ってのもあるだろうけど、だけどある程度の**「勝算」**を見込んで、告白するやん？

だからその「勝算」を、あらかじめ相手にチラチラと見せつけておく。

「これだけ目が合うんだからあのコもきっと俺を意識してる」

「いつも１人で行動してるんだから、きっと彼氏はいないんだろうな」

みたいな、ね。

ポイント

前ページで書いた2つ以外に、男性が告白したくなる状況というのがあるらしい。ひとつは、カップルの多い場所でのデート。ココロがその気になるそうです。そしてもうひとつは、初めてふたりきりでデート（お出かけ）した場所に再び一緒に足を運んだ時などに、淡い恋心になるそうです。男心は単純で可愛いです。告白する勇気がなければ、彼が告白したくなる状況を作っちゃいましょ。

遠目美人、雰囲気美人の作り方。

よくよく間近で見てみると、たいして美人（や可愛い）ではないけれど、**雰囲気が美人**であったり、遠くから見ると**美人っぽく**あったりする人たちがいる。

彼女たちは確かにブサイクではないし、スタイルだってもちろん悪くはない。しかし持っている〝雰囲気が美人〟であるため、本物の美人よりも**柔らかいのに強いオーラ**を放っている。

これを読んでいる人たちの周りにも、１人ぐらいは雰囲気勝ちしている人がいるんじゃないかな。

あたしの仲良しの友人に〝遠目美人〟がいる。

『遠目美人のメリットは、本当にありえないぐらいによく一目惚れをされること。

遠目美人のデメリットは、近くで顔を見られて、アレ？　と言う顔をされるケースが多いこと』。

――と、長電話の向こうで遠目美人が語っていた。

悲しいかな、あたしは遠目美人ではないし、雰囲気美人でもない。

じゃああたしは何美人なのだろう、と考えるに……おそらく〝化粧美人〟だと悟った。

……グッスン。

近頃の芸能界、「イケメン」と呼ばれている男性アイドルや俳優さんは多くいるけれど、果たして本当のイケメンは何人いるんだろう……と、よく思う。

もちろん彼らはブサイクではない。でも、美男子ではない（ことのほうが多い）。髪形やファッション、声やたたずまいが彼らを「雰囲気イケメン」にし、そこいらの美男子よりも魅力的に見せている――と、雰囲気美人にすらなれないあたしがエラソーなことを書いてみた。

遠目美人、雰囲気美人に欠かせないポイントって何だろう、と考えてみた。

で、たどり着いた答えは『バランス』と『色合い』かなって。

男ってさ、女の人らしい色や女の人らしいデザインが基本的に好きだと思うのよ。

わかりやすく言うなら、黒白よりもパステルカラー。

茶色よりも柔らかいベージュ色。

黄色よりもレモンイエロー。

白よりもオフホワイト。

原色に白みを混ぜて〝柔らかくした色〟ね。

確かに、「美人売り」されてる女優さんは、柔らかい色味のものをよく身につけている。

『男心をわかってる』ってのが、ニクタラシイ。

次にバランスについてなんだけれど、これはねえ比較的簡単かなと。

ロングヘアーは男の憧れ、みたいな話ってよく見聞きするでしょう?

それに関してはウソじゃないとは思うのよ。

ただ、〝軽やか〟に見えるかどうかで、すべてが変わってくるような気がしないでもない。

身長が低くて、顔も大きめな人に、『八頭身のバランスを目指したら?』なんて鬼のようなアドバイスはできないけれど、少なくとも〝小顔〟や〝小頭〟に見える髪形や、八頭身に近づくように服や靴を変えてみるのはどうだろうか、とは思う。

あたしは自他共に認める、スタイル最悪バランス鬼悪な人間です。

マジで短足・短腕・短首なんだよね。

それはそれは滑稽なくらい。

だから、服選びにはかなりの時間を費やすようにしてる。

シャツやセーターは、襟ぐりが「いい感じ」で開いているもので、七分丈など袖の短めなものがあたしにはベストマッチ。

デニムは、ブーツカットでヒップハングでポケットが大きく上部分に付いているもの。

ヒールの付いた靴ならば、高さは10～12センチが絶対。

――みたいな強いコダワリがある。

ファッション雑誌にはよく「背の低い人の～」「ポッチャリさんの～」みたいな特集があるよね。

そういうもので自分の体型に合う服選びを勉強して、『遠目美人』や『雰囲気美人』を目指すのも、ひとつの手じゃないかなと思います。

ポイント

強すぎる個性は、強みにもなるが弱みにもなる。その点、良い意味で個性が弱い「雰囲気美人」は、誰にでもマッチする、どこにでもマッチするという理由で、万人にウケるようです。わたしも目指したい、雰囲気&遠目美人。いや、ほんとに……。

1回目のデートは断わる？

絶対に断わんなよっ。

巷《ちまた》で大きな顔をしているモテマニュアルには、

『1回目のデートは断わって〝じらし〟ましょう』

などと書いてあるが、それはウソだ。行けよ、行け。絶対に、行け。1回目だけは、行けえええええ！　モテないあなたをデートに誘う男を、モテないあなたが〝じらすことができる〟とはとうてい思えない。

なぜなら、相手の男は、あなたが『モテないこと』を知っている。

よって、モテない女に断わられたからといって、その理由に〝他の男の影〟を疑うこともなければ、闘争心すら抱かない。「なに、値打ちこいてんだ？　あのブス」と思われないとも限らない。

チャンスの波は、あなたが求めるようにはきてくれない。

だから、乗るんだ。その波に。どんなことがあろうとも。

ただし　これだけは守るようにしてください。

1◆デート中は笑顔を9割保つこと。

2◆26ページの『第一関門〝ブサイクちゃん〟の定義』を死守すること。

3◆106ページの『指先はクチほどにモノを言う。』を意識すること。

4◆話す時はボリュームとトーンを下げることを実行すること。

5◆どれだけ楽しくても22時で必ず帰ること。

6◆自宅まで送ってもらっても絶対に家には上げないこと。

7◆誘われたから……といってセックスをしないこと。

8◆キスも、当然しないこと（キスをしてしまうと、7に流れやすいから注意）。

9◆別れ際は彼の目をジッと見て、『敬語』で「本当に楽しかったです、こんなに楽しいデートは生まれて初めてでした」と言いましょう。

※恥ずかしくて目を見ることができなければ、うつむき加減で言ってもOK。

10✦お礼のメールは彼が去った**10分以内**に入れる。

《メール例》

彼が車の場合↓『運転、気をつけて帰ってくださいね』

彼が電車の場合↓『今日は本当にうれしかったです。明日もお仕事（学校・バイト）頑張ってくださいね』

てなわけで、1回目のデートは必ず行くこと。

2回目のデートに誘われたらどうすればよいか、は次のページで。

ポイント

最後にもういちど書きます。1回目のデートは断わってはいけません。『じらし』は、そんなところで使うものではありません。『じらしたい』なら、まずは近づく。これが鉄則です。

2回目以降のデートに誘われたら。

デートに誘われたら1回目だけは、絶対に行け！　と書きました。

それ以降はどうすればいいのか。

「どうするか？」「どうすれば？」よりも、具体的に**「あたしがどうしてるか？」**を書くほうがリアルやん？　と思ったので、参考にならないかもしれないが、参考にしてください（？）。

まず、1回目のデートでの〝彼との空気〟について思い返してみてください。

この空気というのは、
・ちょっとした違和感だったり
・どこか落ち着かない感じであったり
・会話のテンポがズレているような気がしたり

まあ、とにかく「なんか、しっくりけーへんねんなあ」って意味。

初回のデートで発生する〝緊張や、その他〟を差っぴいても、「人間としてのテンポ」みたいな言葉にしにくい点が違うな……と思った場合、あたしは、その彼と2度目のデートをしなかったことが多いです。

言葉にしやすいどこかが合わない場合。

たとえば、口臭や体臭がキツいとか、口角に泡ふきながら話すのがキモいとか、関西のお笑い芸人に詳しくないのが信じられへんとかならば、良くも悪くも自分を納得させやすい。

だからあたしは、こういうこと以外の『空気が合う、合わない』を大切にしています。

なので、空気が合わなかった人にはわかりやすい対応をする。

デート終わりの『ありがとうメール』、食事のお礼などは当然、文章にして盛り込むけれど、「また誘ってください」みたいな社交辞令は一切入れない。

だって、相手がかわいそうやんか？　社交辞令を真に受けて、再び誘ってみたら断わられた……じゃあまりにも、なあ？

大人のマナーで社交辞令が大切ってのは、頭ではわかるけど、社交辞令を社交辞令として受け取れないまじめな人もいるわけやし、ムダにそういう人たちを延ばし延ばしで傷つけるのはどうやろ、って思うからさ。

――で、「空気が合う人」から2回目のデートに誘われた場合はどうしてきたか。

さて、ここからが本題なわけですが……。

昔付き合ってた経営コンサルタントに、**人の記憶は3神話**ってのを教えてもらったんだよね。

人は3秒後、30秒後、3分後、30分後、3時間後、3日後ずつに、リアルな記憶を失っていく。だから、攻めるなら〝3の直前〟にみたいな話。

たとえば彼と大ゲンカをした時は、3時間後くらいにお互いがクールダウンしてから話し合うとかさ。新規客へのアフターケアや契約申し込みの確認は、

2～3日目が良い頃合いみたいな。

そういうことなんだけど、わかりますか？　あたしはこの〝3神話〟を適度に意識して、男との距離を測るようにしています。

新規でお付き合いをしてもいいかなあ？　と思った相手から届いたメールには、最初（1回目のデート直後～2日目）はできるだけ3分以内に返信を送るようにして、相手の〝押し〟に強さを感じたら、30分ほど時間を置いてメールを返すようにする。

そして、相手がより食らいついてきたのを感じたら、今度は3時間ほど時間をあける。

で、また3分以内に返信メールを返すことを何度か繰り返して、パタッと返信を止める。そして2日後に何でもないメールを送って、しばらく〝3分以内メール〟を続ける。

こんなふうにして、彼を「なんなんだ？　じらされてるのか？　ほかに男でもいるのか？」と、振り回すだけ振り回し、2回目のデートは1回目のデートから3週間後に、**初めてのデートで待ち合わせした場所で、待ち合わせる**と。

この2回目のデートまでに『3』の数字をフルに使って〝捕まえたと思ったのに、サッと逃げる女〟、〝逃げたと思ったのに、また近づいてくる女〟を演じましょう。

男も女もそうかもしれないけど、とくに男は『逃げられると追いたくなる』生き物だから、そこらへんをいかにうまくあおり、うまくかわすか。

肝心なのは**あせってる**って思われないようにすること。

男になんて飢えてなくて、自分の時間を大切にしてる〝余裕のある女〟を演じること。

じゃなきゃ、相手の男にイニシアチブ（主導権）をとられて、振り回されて、ぐるんぐるんのグダグダになってしまうから気をつけろッ。

ポイント

「尽くす女・従順な女」と「逃げる女・かわし上手な女」。男がどちらを追いかけるかというと、「間違いなく後者」です。追わせたいなら、近づいたあと、いったん引く。本気にさせたいなら、近づいたあと、いったん引く。引いたら、戻る。引いたら、近づく。これを3回繰り返せば、たいていの男は本気になります。ただし、今どきの草食系男子は「恋愛の駆け引き」が苦手ですから、逃げるもかわすもホドホドに……。

友達以上を抜け出したい時。

男と女に友情なんて本当にあるんだろうか。

と、いつも思う。いっつも思う。

「あるに決まってんじゃん」と言う人も当然いるだろうけど、あたしは自分が体験してないことはわかんないわけよ。

だって『俺とサオリはいい友達なんだ』って公言している男が気づいていないだけで、実はサオリは、その彼のことが好き……みたいな例しか見てないからさ。

つうか、誰だよ。サオリって。

あたしにだって〝男の仲間〟はたくさんいる。

今はたまたま彼らとセックスしてないだけで、何かきっかけがあれば、全然ヤっちゃうぜ。

人間として彼らを好きであると同時に、異性として魅力を感じてる。

だって、あたしは女で彼らは男だからさ。仕方ないじゃん、そんなの。

ってな話は置いておいて、友達以上になりたいならどうすりゃいいか。


「友達としては最高なんだけど……あいつを女として見られないんだよなあ」

とか言われている女の子って確かにいるよね。

だけど、この手のセリフを聞くたびにあたしはいつも思う。

『とかなんとか言ってっけど、その子が裸で〝抱いて……〟って言ってきたら勃《た》つくせに』って。

ってことは、女として見れるわけやん？　友達ぶってんじゃねえよ、みたいな。

でもさ、よく考えると簡単だよね。

「女として見られない」ってことは、『女として見られるようにすればいい』だけの話でしょ？

〝友達以上を抜け出せない〟ってのは実は言いわけで、勇気を出して、告白して……もしもふられて、友達関係まで壊れてしまうのがイヤなだけなんじゃないの？　って、思うんやけどな。

だけど、その**壁**を壊さなきゃ、前には進めないじゃん。『いい友達』ってカテゴリーを盾《たて》にして、がんじがらめになってんのは他でもない自分でしょ。

――と、まぁお説教はこのくらいにして、彼に〝女を意識させる方法〟をぼちぼち書いていくとしましょうか。

方法は簡単ですよ。女になりゃあいいだけだから。

1✦喜ぶ、怒る、哀しむ、楽しむを身体全体で表現する。

◆「あたしたちは友達だから」と我慢《がまん》してきた感情を、隠さずすべて表に出す。

◆彼が他の女の子を褒《ほ》めたら、目に見えて悲しむ。

◆彼が他の女の子の話題ばかりをクチにしたら怒る。スネる。
◆彼が少しでも自分のことを褒めてくれたら、大げさなほど喜ぶ。
◆彼と一緒にすごしている時間は、心底楽しそうな顔をする。
◆彼とバイバイする時には、悲しい顔をする。
とかね。喜怒哀楽は、ばんばん出していいですよ。超鈍感な彼でも〝さすがにこれは気づくだろ〟ってなくらいに。

2◆男ウケの良いファッションにシフトチェンジ。
◆パンツより、スカート。
◆ロングより、ミニ。
◆パンツをはいたら、トップは女の子らしい可愛いもの（多少の露出はOK）。
◆髪の毛は〝柔らかみ〟を出す色と、巻き。
◆モノトーンよりも、パステルカラーを取り入れる。
◆スニーカーよりも、ミュールやサンダル、ヒールのあるブーツ。

◆ピアスはポイントよりも、揺れる物を。
◆香水の種類を甘めに変える。
とかね。とにかく、男ウケにとことんこだわる。ＪＪ、ＣａｎＣａｍ、Ｒａｙなどの「モテの王道系」や、steady. や spring など「カジュアル可愛い系」の雑誌をお手本に。

3✦語尾の最後に〝ね〟をつけて話す、書く、入力する。
◆甘めの声で、甘く話すことが恥ずかしくてできないなら、話の語尾に「ね」をつけることを意識する。
「～それで**ね**、私が、**ね**～って言ったら**ね**」
少なくとも、「ほんでなあ、あっしがなあ、～って言うてんやんかあ」よりは１００倍可愛いやん？ ２００倍は可愛いやん？

4✦彼の話や言うことにまず、うなずく。

◆素直さ演出、っていうのか、男の後ろに下がる感じ、というのか。
とにかく彼の意見に対して「え、それは違うやん？」と、即座に突っ込むのではなく、まずは、聞き入れる。

この4つ、このたった4つを変えるだけで、男のあなたを見る目は、断然変わってくるはずです。
友達以上を抜け出したいなら、ぜひともお試しあれ。

ポイント

『フレンドリーキャラだけど、愛らしい』を目指さなければ、彼のハートを揺さぶることはできません。友達以上を抜け出したいなら、努力すれ！　男子はやっぱり〝可愛い〟に恋をします。

直筆の手紙を送る。

暑中見舞いに、クリスマスカードに、年賀状。

プレゼントを頂いた相手（男）には、お礼状を出して古風な一面も売りにする。

これだけで印象はガラリと変わる。

ほとんどの場合それは好印象と映り、相手の心をグッとつかむことができます。

とくにあたしみたいな〝そんなことをしそうにないキャラ〟だとインパクトはより大きいし、好感度もうなぎ登り。

日本の男はいまだに三歩下がるタイプの女が好きだけど、半歩すら下がりたくない性格のあたしは、ここらあたりで一気にポイントを稼ぎます。

正直な話、あたしは字は汚いし、絵もヘタクソだ。

だけど、気持ちだけは込めて丁寧にペンをすべらせるようにしている。

メールや電話でなんでも片づく便利なこのご時世だからこそ、この手が効くんです。

べつに年賀状に限ったことではなく

〝ふらりと足を運んだ雑貨屋さんで可愛いレターセットを見つけたから〟

なんて書き出しで、手紙を出したりすることが時々あるんだけれど、とても意外がられるし、目に見えて相手から大切にされはじめる。

そんなあたしが、手紙やハガキを出す時に注意している点は以下のとおり。

《封筒で出す場合》

1◆相手がタバコを吸わない場合は、絶対にタバコを吸わずに書き終え、急いで投函《とうかん》する。

——ニオイは紙に移るから。

2◆相手が恋人である場合でも、そうでない場合でも、〝好き〟や〝愛してる〟などの言葉は絶対に書かない。

——相手の肉親が見るかもしれないから。

3◆伝えたい気持ちの20％しか書かない。そのかわりすべての言葉を**女らしく**かつ、シンプルに。

——わざわざ手紙を書いた、という点だけで残りの80％は伝わるから。

4◆便箋《びんせん》1枚にまとめること。だけど、白紙の便箋を1枚余分に添えることを忘れずに。

——礼儀。

5◆最後に、愛用している香水を便箋の端に、しゅっとヒトフキ。

——「あたし」を文字以外の〝匂い〟でも感じさせるため。

《ハガキで出す場合》

1◆右記の2に同じ。

2◆下手でもいいから、一文字一文字丁寧に。

3◆相手の家族が見る可能性を考えて「♥」は描かない。

だまされたと思って、いちどお試しください。あなたへの評価は確実にめちゃくちゃ上がります。

ただし、意中の彼にすでに嫌われている場合は**直筆禁止**。

理由？

直筆の手紙って、それくらい相手の心に入り込むからだよ。

ポイント

義理チョコについて、18名のマスコミ関係の男性と雑談していた。良い意味でも悪い意味でも、女性に慣れている彼らが言う。「義理チョコだとわかっていても、手書きのメッセージが添えられていると、イイコだなと思う」「手書きのお礼状が届いたら、それだけで50点加算する」と。一般男性と比べると、ケタ違いに女慣れしている彼らでもこう言うのだから、普通の男性に「手書き」が効かないわけがない、ということで、ファイト一筆！

モテる女のバッグの位置。

十代の終わりだったかなあ。

精神科医の先生とイイ仲だったことがありましてね。

その人の車に7回くらい乗った時だったと思うんだけど、彼が突然「やっと僕に少し心を開いてくれたんだね」って言ったわけよ。

べつに何をしたわけでもなかったあたしは驚いて「急にどうしたの？」って当然聞くよね。すると先生は言いました。

「やっとバッグを脚（太もも）の上から下ろしてくれたから」


ここで、バッグを持って車に乗った自分の姿を思い出してみることにする。

家族や恋人の運転する車なら、足元、もしくは後部座席。

――開放感や安心感。

タクシーなら、後部座席に座っている自分の横に。

――信用度はそれほど高くもないが低くもない。

知り合って間もない男の助手席に乗っている時は、脚（太もも）の上。

――バリアを張っている。

先生は教えてくれた。

女の子が自分との『関係や距離』をどの程度に思っているかは、彼女がバッグを置く場所でだいたいわかる、と。


なるほどな。なるほどなるほど、なるほどな。

教えられたとおりに女子を観察していると、さすがは精神科医、だいたい当たっている。

この先生以外の男が〝バッグの位置〟で、今日はイケる、イケないを判断しているとは思えないが、簡単に誘われる時ほどバッグの位置があたしから離れているケースが多かったような気がする。

——ということは、この『バッグ戦法』をうまく使えば、狙った獲物（男）を確実に落とせるんじゃないか、そう思ったわけだ。

そこであたしが始めた実験は——実に簡単なもの。

《用意するもの》

・ミニスカート
・小ぶりのバッグ
・なめらかなトーク術
・イタズラっ子のような愛くるしい瞳（キショい？）

《貴重なシチュエーション》

・できれば渋滞中
・できれば〝隣りに来る車〟は男女のカップルが乗っているのがベスト

《条件》

・彼とあなた――まだふたりに身体の関係はない。できればキスもしてない関係がよろし。

まず渋滞中、隣りの車のカップルをチェックする。

隣りの車の彼女のバッグ位置は太ももの上。

※自分のバッグも太ももの上にセッティング。

あなた「隣りの車のカップル、まだ絶対に付き合って間がないよ」

彼「そうかあ？　なんでわかるの？」

あなた「心理テスト」

彼「心理テスト？　なに、それ」

あなた「女の子が車の中のどこにバッグを置いてるかでふたりの関係がわかるんだって」

彼「へえ、どうわかるの？」

――ここで、説明を

あなた「ね？　あたしと○○君はまだ深い関係じゃないから、バッグの位置はここ」

と、イタズラっ子のような愛くるしい瞳で彼を見つめながら、自分の太ももを右手の人差し指で指し示す。

彼、あなたの言っている意味とミニスカートから伸びる太ももにドキがムネムネ。

《決め台詞》

「早く、ここらへんに（足元や後部座席を指差しながら）置ける関係になれたらイイね」

こんなキモいことをしょっちゅう「実験」と称してやってましたよ、若かりし日のあたしは。いまんところ百発百中です。負け知らず。

ちなみに、何もこの日に〝深い関係〟になる必要はまったくない。

しかしながら、この日の彼はとても優しく、たいていのお願い（おねだり）

は聞いてくれる。

《補足》

ミニスカートは、短ければ短いほど良い。

ポイント

「ミニスカートは、短ければ短いほど良い」と書きましたが、自分の脚のラインがキレイに見える長さを理解したうえで、ちょうどイイ丈のミニスカートをチョイスしてくださいね。サザエさんちのワカメちゃんスタイル（？）では、あまりにも危険です……。

モテる女の千円札。

さほど親しくない間柄のメンズに食事に誘われた時、支払いをどうすべきか迷ったことはないだろうか？

あたしは、ない。いや、ある。ん～はるか遠い昔にはあったような気がする。レディファーストの国で育ったもんですから、スマートに支払いを（もちろん、全額）済ませる男が好きだ。

しかし、誘ったほうが払うのがスマートだという考えも持っている。

幸い今まで生きてきて、男に「割り勘ね」と言われたことはないし、割り勘にせねば申し訳ないようなお財布事情の男と付き合ったこともない。

でも、相手があたしより確実に収入の少ない学生であった場合などは、彼の男としてのプライドを立て〝支払ってもらうべきか、否か〟を迷う。

男たちは言う。

「男が（全額）支払うものだとは思っているけれど、それが当然って態度をされると気分はよくない」と。

そこで考えたのが、千円札１枚で好感度を上げる方法である。

その千円を高いと見るか安いと見るかは個々の問題だが、たかが千円札１枚であなたを見る男の目が確実に変わるなら……意味のある捨て銭じゃないだろうか？

さて、では好感度を上げる千円札の使い方をレッスンしましょ。

食事を終えて店を出たと同時に、さっとお財布を取り出し「いくらですか？」と問う。

彼は当然、「いいよ、いいよ」と手を振るだろう（ここで「あ、２３４９円でいいよ」とかヌカす男は、射殺するので除外でけっこう）。

「いいよ、いいよ」の後にすかさず、「申し訳ないんで、じゃあこれだけでも」

と千円札を1枚彼に手渡す。

もちろん彼は受け取らない。

そこで、「これだけでも」「いいよ」「いや、でも……」「いいってば」と、やりあうのは、みっともないし彼に恥をかかせることになる。

なので、「じゃあ、もう少し一緒にいたいから……これでもう1軒付き合ってください」と、近くの「珈琲の青山」あたりに向かうのだ。


ポイントは2つ。
◆千円札1枚とはいえ、感謝の気持ちを形にできるあなたに好感度はUP。
◆「もう少し一緒にいたいから」の一言を付け加えたことで、彼は一安心も二安心もする。

この千円札テクニックは、**最初のデートで行なう**がよろし。

狙った彼じゃなくても、男として充分に意識できるレベルの相手にはどんどん使ってください。これだけでかなり印象が違います。もちろんあたしもよくこの手を使いました。

後々、千円札で釣った彼らと交際を始め、この時の印象を聞くと、「これでかなり惹《ひ》かれた……（ポッ）」と、全員がクチをそろえて申しておりましたとさ。

めでたし、めでたし。

ポイント

おごってもらうのが当然！　という態度の女性には「恋心を抱きにくい」「百年の恋も冷める」というのがオトコの本音。〝割り勘好き〟の男性にも、女性には支払わせない主義の男性にも、どちらにも悪い印象を与えない「千円札テクニック」は、本当に本当にオススメです。「千円札で恋は釣れる」——表現はサイテーですが、真実です。フフッ。

用意しておく小銭は、2・5・2・5・5。

気の遣い方って難しい。

やりすぎると、相手を疲れさせてしまうし、まったく気を遣わないと、なんだコイツ？　と、思われてしまう。


タバコに火をつけたり、グラスに付いた水滴をハンカチで拭ったり。

——そんなことは、夜の蝶《ちょう》に任せていればよい。

と、思っているあたしは小銭でポイントを稼ぐようにしている。

『万券持たずに、小銭持て』をスローガンに、用意しておく小銭の〝2・5・2・5・5〟の内訳とその使い方を説明していきまっしょい！

《用意する小銭》

500円玉　2枚
100円玉　5枚
50円玉　2枚
10円玉　5枚
1円玉　5枚　の合計1655円

《使い道》

・高速道路の料金を支払う時（彼がETCを使っていない人の場合）。
・自販機やコンビニで、彼にコーヒーやタバコを買う。
・飲食店で彼が支払いをする時。
・その他。

《使い方》

あたしは高速道路の料金所が見えてきたら、財布からすべての小銭を取り出し、手で握っておいて、彼が料金を支払う時に、手をパッと広げ、(必要な小銭を選びやすいように)、
・彼に気を遣わせないよう
・男の見栄やプライドを守ってあげつつ
「小銭が多くて財布が重いから使って〜」などと言って、用意してきた小銭を使ってもらうようにしていました。

男がおごるのは〝当然〟と思っている男でも、『おごられて当然』といった態度をとられるのは、やはり納得がいかないようです。

「ここは私が」「いや、俺が」などといったダルイことをするよりも、小銭だけをサッと出す。支払い時に、マゴつくことは彼らは嫌がるみたいなので、素早くサッとね。

小銭の内訳は、長年の研究の結果です。

「これだけあれば、コト足りる」と、春乃博士は自信満々。

相手に〝気を遣わせない、気の遣い方〟でモテ度UP！。

ポイント

「ご馳走してよかった」と思っていただけるように、「割り勘と言えるほど払ってもらってない……けど、まぁいいか」と諦めて（？）いただけるように、〝ご馳走しがいのある女〟になりましょっ。

男が謝りやすい、〝ある〟謝り方。

ケーキ屋さんでバイトをしていた頃、由美ちゃんという、それはそれはめちゃくちゃ可愛いお姉さんがおりました。

ハーフじゃねぇの？　と疑ってしまうような可愛い顔立ちに、気取りのない性格で、由美ちゃんがショーケースの内側に立っていさえすれば、ケーキが飛ぶように売れたもんです。

そんな由美ちゃんには、4つ年上のバーテンダーの彼氏がいました。

由美ちゃんによく似合うカッコイイ彼氏さんは、やや遊び人ふうの外見で、ほんとのところ〝遊び人〟だったのかどうかはわかりませんが、放っておいても女が寄ってくるような外見で、バーテンダーですからねぇ……。

「昨日彼とケンカしたら、別れようって言われてん」

まだまだガキだったあたしに、由美ちゃんが言いました。

「なんで？」なんてヤボなことは聞きません。

「だけど、由美は別れたくないねん」

「うん」

「どうすればイイと思う？　どうすれば彼が考え直すと思う？」

クソガキだったあたしに、大人の男と女のことがわかるはずがありません。しかし、あたしには〝奇想天外なアイデアが時々浮かぶ〟という才能がありました。

大好きな由美ちゃんのために、あたしはカスカスの脳みそを使うことに決めたのです。

《迷探偵れぃのアイデア》

1◆ケンカの末の別れ話は、売り言葉の場合がおそらく多い。

2◆ということは、彼も後悔はしているはず。

3◆だけど彼は若いし、**男だから謝りづらい**はずだ。

4◆話を聞けば由美ちゃんにも非がないわけではないようだし。

5◆思い出した！


その昔、はじめて父があたしを〝ぶった〟日の翌日。父は、あたしの部屋をキキララ（男女の双子のサンリオのキャラクター）のグッズで埋めつくして、謝罪の意を表わしていた。

あたしはうれしいよりも先に驚きで胸がいっぱいになり、子どもながらに、父の反省と『君が大好きなんだ』の気持ちを読み取った。


6◆ってことは、必要なのは言葉よりもサプライズじゃないかしら。

7◆よ〜し、由美ちゃんの彼にサプライズを与えよう。


「だから、由美ちゃんの彼の部屋を何かで埋めつくそうよ」

「そんなお金ないよ〜」

「ん〜じゃあ、どうしようかな。あっ、タバコは？　彼氏さんタバコ吸うでしょ？」

「吸うよ？　でもタバコを部屋中に!?」

「お金、ない？」

「ない、ない」

「じゃあ、あっ！　冷蔵庫をタバコだらけにするのはどう？」

「冷蔵庫!?」

「うん、ひとり暮らしなんだったら、冷蔵庫は小さいでしょ？」


というわけで、あたしと由美ちゃんはアルバイト代を前借りし、大量のマルボロを買えるだけ買って、由美ちゃんの彼の部屋に侵入した。

ひとり暮らし用の小さな冷蔵庫のなかの物を全部外に出し、なかに、マルボロを詰めまくったのである。それはもう、迷惑なほどの数。

翌日、ケーキ屋の自動ドアの向こうに由美ちゃんの彼氏さんの姿があった。

店の奥で、新作ケーキの仕上がりを待っている由美ちゃんを呼びに行き……。

自動ドアの向こうで、感極まって抱き合っている由美ちゃんと彼氏さんの姿を見ながら、あたしと店長以下スタッフは、ほっこりと胸を温めた。

マルボロのおかげ、というわけじゃなく、男が謝りやすい環境を作る、**プラス**サプライズ、**プラス**可愛げがあったからこその結果よね。

彼氏といえども、しょせん赤の他人。意見が食い違うこともあれば、些細《ささい》なケンカが別れ話に発展することだってある。

あたしは『我』がとても強いので、できれば謝りたくない強情なヤツだ。だけど、こっちが先に折れなきゃ相手も折れないだろうな……ぐらいのことはわかる。でも先に「ごめんなさい」と言うのは、どうしても納得がいかない。

そんな時には、こういう『サプライズごめんなさい』がイイと思う。

ちなみにこのマルボロをラークやマルメン（マルボロメンソール）に変えたりして、『サプライズごめんなさい』をしたことがあるが、やっぱり彼らは目尻を下げてたな。ケケケッ。

《過去の成功例・サプライズごめんなさい》

◆料理好きの彼（今の恋人ではない）に、各国の調味料を200個買って、自宅に送りつけた（また、おいしい手料理食べたいなあ……とメッセージを添えて）。

◆昔あったプリクラ風ジグソーパズルで反省している顔の写真を撮り、〝ごめんなさい〟のメッセージを入力したものを5パターン用意して、家に置いて自宅を出た（プリクラを撮る感覚で、写真を撮ったらそれがジグソーパズルになって出てくる……というものがあったのだよ、10年前くらいに）。

◆泣いている表情を〝味付け海苔〟で作ったおにぎりを米5合分作り、帰宅した彼が食べるように、テーブルに置いたまま自宅を出てインターネットカフェへGO。

その他まだまだあるけれど、この『サプライズごめんなさい』のイイところは、〝サプライズ探し〟に夢中になってる間に、怒りが楽しみに変わる点じゃないかと思う。

そして最大の目的は、彼に**「腹も立つけど、憎めないヤツ」**と思わせて、「俺のほうこそごめんな……」という言葉を自然に出させることである。

男はね、謝らせるのがうまい女からは離れにくいですよ。

だって男のプライドを傷つけられずに、うまく操縦されるのって心地いいものだから。

ポイント

結婚間近とばかり思っていた、知り合いカップル3組から「別れた！」と報告を受けた。別れの原因はいずれもケンカ。意地を張らずに謝ってくれたら許したのに……という、男たちのつぶやきを聞き「幼稚クサ」と、鼻で笑ってしまった性格美人なわたしです。「わかっちゃいるけど謝れない」時がわたしにもありましたが、やっぱり「負けるが勝ち」なんです。先に謝ったほうが、結果的に得だよなぁ♪　と、大人になった春乃れぃは思います。

これだけは、ヤルな！

『これさえしてれば、めちゃモテ！』などと書かれた特集や雑誌を読んでマネしてみても、いっこうにモテだす気配を感じないってことはないだろうか。

あたしは、ある。いや、あった。

今でこそ、「ハンッ、男なんて鼻クソよ。指先ひとつで転がせられるわ」と思(い込んで)っているあたしだけれど、その昔、ほんとォォォォにモテなかった頃は、そりゃあ苦労しましたよ。

推奨《すいしょう》されている〝モテるテクニック〟を駆使《くし》しても、ぜんぜんモテない。男子の気配すら感じない。それどころかどうやら引かれている感じ。

なぜなんだろう？　といつも思ってた。

今はその答えがわかる。

◆あたしに似合ってないテクニックを使ったって意味がない

◆そのテクニックが通用しない男に使ったって、引かれるのがオチ

たとえば、甲斐甲斐しく彼のお世話をする。

これをうれしいと思う男もいれば、おかん（お母さん）みたいで女を感じないと思う男もいるだろうし、プライベートに入り込まれてるみたいで嫌だ、と思う男もいるだろう。他には、甘えるという行為。

甘えられるのが好きな男もいれば、甘えられるより甘えるのが好きな男もいる。

そこんところを今回は一緒にお勉強したいと思います。

《これだけはヤルな特集》

◆会話の先回り

彼のするであろう話を先回りして「知ってる、知ってる、こうでしょ？　あでしょ？」と言う。

◆会話への割り込み

彼の話をさえぎって、自分の意見を言う。

◆会話のさえぎり

以前聞いた話を「前にも聞いたってば」とさえぎる。

◆会話をスルー

おもしろくない話だからとスルーしたり、無反応。

◆タバコに火をつけてあげる

あんたは、ホステスかっちゅうの。

◆グラスの水滴を拭いてあげる

だからあんたは、ホステスかっつーの。

◆興味が30%を越えない相手との1対1の食事

いらぬ誤解が生じて、あとあと面倒なことが必ず起こる。

◆初めての相手とのコンドームなしセックス

ロストバージンって意味じゃないわよ？ 初めが肝心。初めを許すと、あとはナシクズシ。頼んだって、しちゃくれません。

◆プレゼントじゃない貢ぎ物

男に貢いで得することなんて、1つもない。

◆あとあとバレる〝かまかけ〟

男は「かま」を掛けられることをとくに嫌う。「かま」を掛けなきゃ信用できないような付き合いなら、やめればいいじゃん。

◆母親のような押し付けがましい言動

「ちゃんとしなきゃ」「だからダメなのよ」「だから言ったじゃない」「他の人は皆もっとちゃんとしてるよ」など。

また、ひとり暮らしをしている彼の部屋を無断で掃除したり、「健康健康健康!」と健康第一手料理の押し付け。これ、マジうざいらしいから。

◆これ見よがしのエロ下着

無言の圧力ほどキッツイもんはナイわけで。

◆恥じらいを失う

彼の見ている前で着替える。

エッチのあと、全裸で浴室へ向かう。
トイレの水を流さず（音姫を使わず）用を足す。
彼の視野範囲内でのムダ毛の処理。
道端や店内で大きな声で彼を呼びつける。

◆初めてのエッチの時に、奉仕しまくる

遊び相手なら「うれしい」。
本命候補だったら**「ちょっと引く」**。
これが男心なんです。

◆エッチのあとに執拗《しつよう》に〝愛〟を求める行為

後戯やピロートークに〝愛〟を求めすぎると重たがられます。

◆妙な見栄を張る

普段から料理をしているわけでもないのに、なぜか「料理が得意」と言い張る女は、不思議だ。確かに料理上手はポイントが高いが、事実でなければ大コケ。

テクとしてのウソ・見栄なら、それを本当にする努力が不可欠なのだ。

ポイント

合コンによく参加する男性100人に聞きました。「合コンでこれだけは絶対にイヤ！」と思う女性の行動、栄えあるグランプリは——「ファーストドリンクのオーダーで、ソフトドリンクを頼む」でした。「飲み会に参加しておきながら飲まないなんて、意味がわからないうえに、空気が読めなさすぎて、どうしようもない！」とお怒りのようす。ご参考までに……。

女の涙は最強の武器？

涙を見せるタイミングとシチュエーション。そして、その涙の種類を間違えると、涙は、ただの泥水と化す。

まず自分の涙が武器になるのかどうかを、知ることから始めよう。

あなたの泣き顔は、魅力的か？　そうでないか？

泣ける映画、ドラマ、漫画に小説で涙したら、物語の余韻《よいん》に浸るヒマさえ惜しがり、鏡の前までダッシュせよ。

はれ上がったまぶた、赤い鼻、落ちたマスカラ……。

どうだ？　化け物か？　天使か？

自分で言うのもアレだが、あたしは泣き顔ブスだ。

だから、涙は**調節しながら**出すことにしている。

今日は少しそのワザをお教えしよう。


1◆涙は下まつ毛からこぼれ落ちる手前で、強い意志でせき止める。

2◆相手の男がそんな自分を（横から）見ていることを確信したら、目を大きく開け、天に顔を向ける。

3◆そして、ゆっくりと目をつむり涙を流す。

4◆もしくは、目を開いたままで、ゆっくりと涙が頬《ほお》を伝うのを見せつける。

5◆んで最後に、「えへへへ、泣いちゃった」と照れ笑いを入れる。


以上が簡単な流れだ。

シクシクと泣くよりも、**こらえているのにあふれ出てしまう**イジラシサを演出する。

1〜5ができたら、次は女優〝大竹しのぶ泣き〟を必死こいて練習せよ。

相手が自分の左側にいたら、左目だけから涙をあふれさせる。

相手が自分の右側にいたら、右目だけから涙をあふれさせる。

さすがにこれは難しいが、練習すれば簡単にできるし、なかなか使えるワザなのでオススメ。


あたしが男の前で泣く時に注意しているのは、絶対に相手と向かい合った姿勢にならないこと。

必ず横顔を見せる。

理由は、

『2◆相手の男がそんな自分を（横から）見ていることを確信したら、目を大きく開け、天に顔を向ける』

で、相手に鼻の穴を見せてしまわないようにということと、正面よりも横顔のほうが〝涙をきれいに見せることができる〟と、思うからです。

もちろん、マスカラやアイライナーは、必ずウォータープルーフで。

そして最後に、こういう泣き方だけはしちゃイケナイを少々。

1◆映画館など以外の〝人前〟で泣かない。

2◆泣きながら彼を責めることだけは絶対にしない。

3◆「泣く」と「喚《わめ》く」を一緒に行なわない。

4◆自分に非がある時に、言いわけをしながら泣き、その場をごまかそうとしない。

別れ話の時は、『涙は下まつ毛からこぼれ落ちる手前で強い意志でせき止める』を実行すべし。

これができない女は、涙を武器にするべからず。

ポイント

29歳のCMプランナー（超遊び人）が言いました。「女の涙は武器にはならない」でも、「泣くのを堪《こら》えている姿は武器になる」と。この話を聞いていた十数名の男性たちは、大きく首を縦にふっておりました。これこそが真実かと。

♡素直が一番？

辞書で『素直』を調べてみたところ、4つの意味が書かれてあった。

そのなかの2つの意味を紹介しよう。

1◆性格や態度にひねくれたところがなく、あえて人に逆らったりしないさま。

2◆飾り気がなくありのままであるさま。


確かに〝素直な女〟は可愛い。男の言う言葉すべてを疑わず、信じ、いつもニコニコとしている女。

おそらく多くの男は素直な女が好きだろう。

しかし、まったく言うことを聞かない、素直とはほど遠い女を、だからこそ俺が手なずけたい――という男も少なくはない。

実際は、あたしの知り合った男のほとんどは、その両方のタイプの女を好きだと言っていた。

前者な女は「家に置いておきたい」
後者の女は「常に刺激を与えてくれそう」

前者な女は「いずれ、つまらなくなりそう」
後者の女は「いつか、疲れてしまいそう」

前者な女は「毎回1000円当たるロト6」
後者の女は「いつか当たるかもしれない3億円ジャンボ」

素直な女。
言うことをきかないわがまま女。

あなたはどちらを目指しますか？


大切なのは、バランス配分。

あたしは1対9で構成されている。

当然、素直が1なわけだが、1年に2回程度、素直が9になったりもする。

ただし、**相手の男の許容範囲ギリギリのなかで、〝9のわがまま〟を振舞うこと。**じゃなきゃ、男がパンクするのが早い。経済的にも精神的にもね。フフフッ。フフフッ。

ポイント

調子に乗ったことばかり書いて、すいません。なーにが「あたしは1対9で構成されている」だ……。近頃、「精神的にも経済的にも、自立している女性」に人気が集まっています。とはいえ、しっかりしすぎていると、オトコの出る幕がなくなります。大切なのは、やっぱりバランス。可愛いわがままを、カレに合わせて正しく使いましょ。

モテる女は怒り上手。

喜怒哀楽の感情をすべて出し切るのが、得意中の得意。

というか、そうじゃなければ〝あたしじゃない〟ような気さえする。

しかし『怒』だけは、**「すぎてしまわないように」**気をつけている。なぜなら、怒りすぎると、自分が何に対して怒っていたのかを忘れてしまうから。

彼に対して怒りすぎ、終わった〝過去の怒り〟まで引っ張り出してくるのはフェアじゃないし、声を荒立《あらだ》てて、彼に逃げるスキを与えない怒り方は自分も相手も疲れてしまうだけ。

あたしは怒ると、彼をぶん殴ったり、土鍋を蹴り割ったりするバイオレンスで下劣なヤツだ。

そんなヤツだから、とてもじゃないが怒り上手とは言えない。

あたしの友人に怒り方の上手な女性がいる。
今日は彼女の例を用いて、上手な怒り方の勉強をしてみたいと思う。
彼女が気をつけている点は左記の6つ。

・怒りの矛先《ほこさき》をずらして話をしない。
・自分の意見よりも、まず先に相手の考えを聞く。
・怒りの大きさに合わせて、話し合う店のクラスを変える。
・けっして相手を責めることはせず、怒りよりも〝悲しみ〟を伝えるようにする。
・怒っている時こそ、普段より気合を入れて化粧をし、服装なども華やかにする。
・涙は、相手が謝ってきた時の最後に少量だけ。

◆怒りの大きさに合わせて、話し合う店のクラスを変える。
これは声を荒立てないために、話し合いなどは決まって外で行なうらしい。
怒りが大きければ大きいほど、ハイクラスで静かな店を選ぶのがコツ。

◆けっして相手を責めることはせず、怒りよりも〝悲しみ〟を伝えるようにする。明らかに自分に非があるとわかっている場合、そこを責められると「わかっちゃいる」が腹も立つ。

だからあえて、責めず怒らず「あなたのその行為で、これだけ悲しかった」のだと、くどくなく伝えるのがコツ。

◆怒っている時こそ、普段より気合を入れて化粧をし、服装なども華やかにする。怒っている時の女の顔は、どれだけ美人でもブサイクに見える。

だからこそいつもよりきれいに、普段より女らしく華やかな装いでいるのがいいらしい。

それと最後に少量だけ流す涙のために、マスカラやアイライナーは必ずウォータープルーフで、ファンデーションも落ちにくいよう下地やパウダーに力を入れておくのだとか。

ちなみに服の色は、青、紺、白をチョイスするのが〝沈静作用〟があってエエらしい。赤は攻撃色なので、ダメなんだそうだ。

◆涙は、相手が謝ってきた時の最後に少量だけ。
彼からの謝罪には、うれし泣きがいちばん効果的らしい。

謝ってくれたこと、悪いと思ってくれたことに対してうれし泣きを演技で。

『できれば涙を流すより、目の中に涙を浮かべるくらいがいちばんオススメよ！』とは彼女の談。


彼女とあたしは学生時代からの付き合いで、かれこれもう10年以上親しくさせてもらっている。

彼女はこれらの怒り方を歴代の恋人や現在の旦那様にだけでなく、取り巻き連中や（すごくモテる人だったから取り巻きがいた）、さほど気のない男たちにも、がんがん使う。

たとえば恋人ではない、異性の知り合いから、『恋の相談を受けた時』なんかにも、こんなふうに用いるわけだ。

「私に恋の相談をしてきたってことは、○○君は私のことをなんとも思ってないんだね……なんだか悲しいな」

これで彼女に落ち（て、ふられ）た男たちを、あたしは何人慰めてきたことか。

彼女は言う。

「**怒りはそのまま伝えてはダメ。必ず悲しみや寂しさに形を変えて伝えること。**だから、怒りを伝えることが目的なのは失敗する」

学生時代、共に悪の限りを尽くしてきた彼女も、今では関西のビバリーヒルズ、芦屋の六麓荘で医者の妻としてセレブな生活を送ってる。

しかも再婚。前の旦那は動物病院の医院長（もち開業医）。

怒り上手な女は、モテる――のサンプルのような女です。

ポイント

男性女性に限らず、怒り方が下手な人は間違いなく『損』をしています。また、怒り・妬《ねた》みなどのマイナスの感情は『ブスを作る』とも言われています。モテたいならば怒らない、ではなく、モテる怒り方をすればいい。キレイになれる怒り方を覚えればいい。それだけのことっ！

モテる女は断わり上手。

生きていると、断わりたい場面に多く出くわす。

キモ男からのデートの誘いは当然のことながら、急な残業命令や、ＮＨＫの集金や新聞や電話での勧誘、乗り気じゃないコンパへの誘い。


誘われ上手は断わり上手。

断わり上手は誘わ**せ**上手、だと思う。

断わり上手な人は、相手に嫌悪感を抱かせずあきらめさせ、かつ、次回への期待をも抱かせることができる。よって断わっても、断わっても、断わっても嫌われることがないのであーる。

大昔、母に教えてもらったことがある。

うまく断わる方法は〝家族〟をダシに使うこと。

家族をダシに使っても引かない相手は〝良い相手〟ではナイ。そんなふうにしてイイ男と悪い男を振り分けるのもひとつの策よ、と。

あたし？

あたしは自分の思うがままに生きてる人なので、『人にどう思われようが、嫌われようが、どうでもいいわ』

という自己中人間なので、断わる時は、血も涙もなくスパッと断わります。

「ムリ」「イヤ」「気分が乗らない」「前髪が決まらないから行きたくない」「毛穴が開いてるからどうしても行けません」など好き放題。

あたくしの別名は『ドタキャンの女王』。

なので、誘われたデートが1回目ならほぼ断わらないけれど、それでも朝起きてダルければ、遠慮なくドタキャンします。

さてさて、では今回は、**『ケタはずれにモテる男』**から、**『上手な断わ**

り方』を学びましょう。

10年来の知り合いで、新宿歌舞伎町でホストクラブを経営しているヤツがいる。男気にあふれ、外見もケタはずれに優れており、超が付くほど人気ホストの彼には、当然誘いの声が止むことがない。

そんな彼に、恨まれず愛される上手な断わり方のコツを教えてもらった。

・断わる時は素早く。
・相手にスキを与えない。
・普段からよけいな借りを作らない。
・すぐにバレるウソはつかない。
・友人を巻き込まない（家族は別）。
・最後に喜びを最大限に伝え、次の期待へとつなげる。

◆断わる時は素早く。

断わる時期を先延ばしにすると、相手によけいな期待を抱かせる。

そのうえで断わると、期待していた分だけ相手の受けるダメージは大きくなり、愛しさあまって憎さ100倍になりかねないから。

「時間ができたら電話（メール）する」というのも、同じ。

◆相手にスキを与えない。
あーだ、こーだと断わる理由をあいまいに並べると、相手の本気度が高ければ高いほど、スキを突かれ追い込まれてしまう。

断わる時は素早く、理由は簡潔に。

◆普段からよけいな借りを作らない。
高いボトルをおねだりして入れてもらった後に、プライベートのデートに誘われたら断わりにくい。それと同じで、普段からよけいな借りを作っていると、普通の人は断わりにくいもの。高価な物を貢がせたり、その他諸々の〝断わりにくい状況〟を作らないようにするのも大切。

◆すぐにバレるウソはつかない。

断わり文句は極力発覚し難く、自分自身が忘れないようなものを1つか2つだけ。その場しのぎの断わり文句は忘れてしまいやすく、バレやすい。

◆友人を巻き込まない（家族は別）。

友人を巻き込んだウソは、バレやすい。友人がポロリと本当のことを言ってしまう場合もあるし、友人自身が口裏を合わせたことを忘れてしまう場合もある。

その点、家族を巻き込んだウソ（断わり文句）なら、比較的バレにくい。

◆最後に喜びを最大限に伝え、次の期待へとつなげる。

誘ってくれたことへの感謝やうれしい気持ちは、最大限に伝える。

そのうえで、誘いを断わってしまったことを心から（に、見えるように）詫びる。そして、最後は「今度は絶対に行こうね、約束だよ」と指きりまでして相手を安心させ、断わられたショックをやわらげる。

この6点を押さえてさえいれば、恨まれることなく、『誘いがいのない女』だと思われることもないばかりか、いざ誘いに乗った時、それはそれはありがたがられるものである。

では最後に、家族をダシに使う言いわけで大切なポイント。

《やっちゃダメ例》

・家族が事故にあった。
・家族に不幸があった。

《おすすめ例》

・母親（父親）が持病持ち。
・父母が旅行中で家にいない。

事故や不幸は、日にちが特定されるウソなので、後にバレる可能性が高い。病気に関しては、風邪などだと治りが早いので、2度目、3度目の断わり文句には使いづらい。その点、持病がある（と、いうことにする）と、次からも使えるので勝手が良い。

また父母が旅行中で〝留守を預かるから〟というウソは何度もは使えないが、ありがちな話なので疑われにくい。

誘われ上手は断わり上手。

断わり上手は誘わ**せ**上手を地でいってください。祈ってます。

ポイント

知り合いに、ものすごく断わり上手な女性がいる。「損」をすることは請け負わない！　を徹底しており、とても合理的で賢く、潔く、そこいらの優柔不断な男性よりも男らしい。しかし、彼女はモテる。彼女はとてもセンスがよく、大変オシャレで、毎回さまざまなファッションで見る者を楽しませてくれるし、素直で可愛げがあるから、誰からも憎まれない。断わるのを恐れているようではモテないのだ、やっぱり。

だって、男は「逃げるものを追いたがる」性質を持っているんだから。

モテる女は去り際上手。

数少ない合コン経験や、さまざまな飲み会に参加するたびに思っていた。

「くだらんから、はよ帰ろ（つまんないから早く帰ろう）」

あたしにとって、合コン、各種飲み会の類は、出逢いを探す場でもなければ、誰かとの親睦《しんぼく》を深める場でもない。

強制的に参加させられた史上最高の「ムダのたれ流しの場」でしかなく、まさに苦痛。

よって苦痛。

だから一次会の最後までいた記憶がない（実際はあるかもしれないが、記憶にさえ残っていないほど）。

モテたいがためや、それらに参加している男の興味を引きたいがために、そそくさと帰っていたわけでは断じてないが、たまたまそれがモテることにつながった。

連絡先を聞きたかったのに、気づけば（すでに帰っていて）いない。

自分勝手な行動をするわがままな女を手なずけてみたい。

もしかすると門限のあるお嬢さまかも？

などと、男は好き勝手に思うようで、ラストまで参加していた女の子たちより断然、モテました。ありがとう自分。

さて、『モテる女は去り際上手』。こんな去り方をおすすめします。

◆自分にきびしく門限を作る。
実家暮らしなら問題はないが、ひとり暮らしをしている場合。

「毎日父から22時半に帰宅確認の電話が入るから」とウソをつき、自分の門限を22時半と決め、『ある時期』がくるまでそれをかたくなに守る。

親（家）が厳しい女はモテないと思われがちだが、そんなことはまったくないし、逆に遊ばれにくいというメリットもある。

デートも合コンも飲み会も、門限の22時半に間に合うように帰る。

「家が厳しい」＝「お嬢さま」のイメージが男にはどうやらあるらしいし、男は遊んでる女より、お嬢さまの女が好きやからね。

そして〝なごり惜しそう〟な演技をするのも忘れずに。

帰宅後に「もう少し一緒にいたかった」などのメールを入れることを忘れてはなりません。

ポイント

二次会、三次会、四次会、朝まで——。付き合いのいい女が「付き合いたい女」とは限りません。というか、どちらかというと「友達女」になってしまう可能性が高い。去り際上手な女は、自分を『値打ちあるものに見せる』のが上手です。もちろん、『値打ち』を感じさせられるほどの、『内面・外見づくり』を、日々心がけておきましょー。

♡〝とりあえずモテ〟の簡単な仕組み。

グイモテ（心底までグイッとほれさせる）でなくても、〝とりあえずモテる感じ〟を味わいたいなら、その方法は簡単だ。

ようは相手の彼が好きそうなタイプの女の子に、なってみればいいだけだから。

ＣａｎＣａｍ＆ＪＪモデル系、知的秘書系、エロ秘書系、グラビアアイドル系は、一般男性のウケがかなりいいと思われる。

連れて歩くのに鼻が高いモデル系、値打ちの高そうな秘書系、派手さはないが親近感を感じる癒し系のグラビアアイドルなどは、男心の「どこか」を満たすため、当たり前だがとりあえずモテる。

《その他》

◆胸の谷間を**少しだけ**強調する。
◆ボトムはパンツではなく絶対にミニスカートをチョイスする。
◆ほどよい肉付きの二の腕は、夏でも冬でも極力出しておく。
◆基本は常に笑顔。スネる時は唇を尖《とが》らして。
◆あくびをノドの奥でグッとこらえて、瞳の奥に涙をためて、上目遣い。
◆人の悪口はけっして言わず、彼の話にはリアクションを大きめに。
◆そのさいは「すごぉい！」「もっと聞かせて！」「○○君ったらおもしろーい！」を多用。
◆ボディタッチは多めに使用。
◆触る時は必ず人差し指で。**ツンツン**という効果音を付けることを忘れない(もちろん、上目遣いオプション付き)。
ようは、『さとう珠緒』になりさえすれば、とりあえずはモテるってことですよ。珠緒になりきれるかどうかは、あなた次第ですが。

あたしの知り合いが、さとう珠緒と複数の人を交えて過去に飲んだことがあるらしいのですが、その場にいた男全員が、（珠緒は絶対に俺に気がある）と、思ったらしい。それぐらい珠緒はすごいんだそうだ。

やるな、珠緒。師匠と呼ぶぞ？


このように、〝とりあえずモテる〟のは簡単なのです。

しかし、『珠緒なだけで、案外つまんない女』になるか『珠緒以上のものがあると思わせられる女』になるかは、〝とりあえずモテ〟以降の言動で、天と地のように変わってしまいます。

・珠緒だけど、手料理は神田川先生並みにうまい。
・珠緒だけど、ダウンタウンの浜ちゃん並みの鋭いツッコミ。
・珠緒だけど、玉緒（中村）のような豪快《ごうかい》な笑い声。
・珠緒だけど、安藤優子キャスターのようにクールで知的で、〝木村太郎〟をうまく飼いならすことができる。

など、可愛いだけじゃない、その他の魅力（良いギャップ）だけがグイモテへとつながるのです。

とりあえずモテちゃったその後を、ヨリドリミドリで自分に都合よくチョイスするのもひとつ。

それをステップに、グイモテへと進化させるのもひとつ。あたしなら、木村太郎を飼いならす道を選びますが。

ポイント

『逃げられると追いたくなる』『ギャップに弱い』『褒められるのが好き』『ボディタッチが好き』『涙より笑顔に弱い』『頼られるのがキライじゃない』『料理上手な女性に弱い』——のが、日本男子です。美人がモテるのは当たりまえ。でも、『不・美人』だってモテるんです。ポイントさえ外さなければ〝とりあえず〟はモテるんです。これ、ほんと！

あとがき

お化粧という仮面をはいだら、犬さえ避けて通るようなブスなあたしが、『モテれ。』などという偉そうな恋愛指南書を発売してもいいのだろうか？　とひたいに手を、眉間にシワを、口角に泡をふきながら書きました。

だけど、神に愛されて美人に生まれてきた人が書くより、試行錯誤に七転八倒を繰り返して、ようやくモテるテクニックのイロハを〝癖〟にすることができたあたしが書く方が何よりリアルに違いない！　と、世のモテない子ちゃんたちのために飯を抜き、夜を眠らず、性欲も抑え、欲しがりません出すまでは！　の精神で仕上げました。

あたしは14歳の頃、体重が70キロありました。

集合写真を見たクラスメートの母親にまで、「この子はオタフク（病気やんけ）なの？」と心配されるくらいの巨顔でね。

しかもフラッシュに反射して、かけてた眼鏡が光ってもうてねぇ。ブサくてダサくて最悪やったわ。

それで一念発起《いちねんほっき》してダイエットを開始し、約25kgの減量に成功。

忘れもせぇへんわ。ぜい肉を落としてすっきりした身体で参加した始業式での、男子のあたしを見る、ハートの目を。

「やっぱ外見なんやわ」って、その時思った。

内面さえキレイなら、モテるなんてウソウソ、大ウソ。

「内面は外見の後から付いて来るんや」って、その時気がついた。ほんま、悔しかったけど。

モテるには、外見で引き寄せて、内面で落としにかかって、テクニックで翻弄《ほんろう》する。この3ステップが必須。

ちなみに、あたしが今までお付き合いさせていただいた男性は皆、クチをそろえてこう言うねん。

「顔も性格も、大嫌いなタイプやのに、なんでこんなに好きなんやろう」って。

フフフフッ。あたしの勝ちやな。

文庫あとがき

単行本の『モテれ。』が発売された頃は独身だったわたし（ただし、バツ一）も、今ではすっかり人妻です（ただし、旦那ちゃんが単身赴任のため別居&週末婚）。バツ二にならないよう（？）微弱ではありますが、自宅でも『モテれ。』を実行中。

基本的なことですが――

・眉毛を描いていない汚顔は見せない。
・短気を起こして、彼に当たらない。
・お肌のお手入れをサボらない。

・愚痴は「相談」という形に変えて、話す。
・互いにマンネリを感じないよう、協力して「楽しい」を探す、見つける、体験する。

などなど、できる限りのことはするようにしています。

また、春乃れぃとして仕事の打ち合わせなどに参加する時は、『フレンドリーバージョン・モテれ。』を実施中。恋愛対象としては外れるけれど（！）面白いオネーチャンだ——というポジションを確立中。

既婚者なんでねぇ。男性相手ではなく、すべてのお仕事相手に『モテ』るよう、日々努力＆スマイルしすぎて、顔の筋肉がひきつる機会が増えてございます。

「人気商売は大変なのよ」

——っていちど言ってみたかったセリフなのよっ！　調子に乗ったわたしを許して！

恋愛にテクニックを用いることを、「不純だ！」「不潔だ！」「そんなの本当の恋愛じゃない！」と言う人は多くいるでしょう。

でも、テクニックを用いてハッピーになることは悪いことか？　生き方や恋愛の仕方などのすべてを〝マニュアル任せ〟にしている人は、人間としてはつまらないかもしれないけれど、わたしはそのようなタイプの方とは親しくなれないけれど（？）、それはそれ。

テクニックを駆使してでも、モテたい！　楽しく恋をしたい！　なんて、めっちゃポジティブやん。少なくとも、「不純だわ！　不潔よ！」とか言ってる、アタマガッチガチの人に比べれば、魅力的やし可愛いで。

とはいえ、マニュアルに頼りすぎるのはダメやと思うけどね？

最後まで読んでくださりありがとうございました。

あなたの人生、あなたの好きなように生きれ！　モテれ！

２０１０年４月　　春乃れぃ

本書は2006年に
モバイルメディアリサーチから出版された「モテれ。」を
加筆・修正し、文庫化したものです。

宝島社
文庫

モテれ。(もてれ。)

2010年4月20日　第1刷発行

著　者　春乃れぃ
発行人　蓮見清一
発行所　株式会社 宝島社

〒102-8388　東京都千代田区一番町25番地
電話：営業 03(3234)4621／編集 03(3239)5746
http://tkj.jp
振替：00170-1-170829（株）宝島社
印刷・製本　株式会社廣済堂

First published 2006 by Mobile Media Reseach, Inc.
ISBN 978-4-7966-7702-8